朝日新書
Asahi Shinsho 811

新型格差社会

山田昌弘

朝日新聞出版

はじめに

コロナ禍による不可逆的変化

２０２１年2月現在、パンデミックを引き起こし世界中を混乱に陥れた新型コロナウイルスによる感染症の収束は、いまだ兆しが見えません。

コロナは人々の健康を脅《おびや》かすだけでなく、職場、家庭、学校、交通機関、イベント、飲食店など、人が集まることを前提としていたあらゆる領域に甚大な影響を与えています。

私が勤務する大学の風景も、コロナ以前とコロナ以降で大きく変化しました。授業のほとんどはオンラインで行われるようになり、キャンパスを歩く学生の姿はほとんど見られません。大学でクラスターが発生するのを防ぐために、少人数のゼミや理系の実験などの授業を除いては、対面の授業を極力減らす方針が続いています。大学の風景が以前の姿を取り戻すまでに、今後どれぐらいの時間が必要なのか、まだ予想がつかないままです。

人が集まり、コミュニケーションする場を社会といいますが、集まること、しかも人と対面でコミュニケーションすることが制限されてしまっている状況が続いています。つまり、コロナ・パンデミックは社会のあり方を根底から変えつつあるのではないか、そして、その実感をほとんどの方が持っているのではないか――そのように私は考えています。

現在、医療機関で働く人々や行政の関係者が中心となり、国を挙げての新型コロナ感染症の拡大防止が進んでいますが、コロナ禍《か》は、直接的な国民の健康被害のみならず、この国の「かたち」にも不可逆的な変化をもたらすだろうと私は考えています。

私は家族社会学の観点から、これまで長年にわたり、日本人の家族（結婚、恋愛）、ジェンダー、若者の変化について主に「お金」と「愛情」の領域から研究を行ってきました。その研究成果として、成人して学校を卒業してからも未婚のまま親元に暮らし続ける人々を指す「パラサイト・シングル」や、結婚が困難になった時代を表す現象を「婚活」という言葉で名付けたこともあります。

日本人の家族や暮らしを長期にわたって研究してきた経験から、私は今、日本社会で可視化されていなかった二つのことをコロナ禍が顕《あら》わにしたと感じています。一つは、今まで隠されてきた、というよりも、見ようとしてこなかった**「格差」がはっきりと見えるようになった**ことです。そしてもう一つは、**「過去の社会に戻ることはできない」という予感がすべての日本国民に広く行き渡った**ことです。

階層社会化の懸念

「格差社会」という言葉がメディアに登場するようになってから、十五年程の月日が流れました。格差社会という言葉は、多くの場合、経済的な問題について語られてきたと思います。しかし、日本に広がり続けていた格差は経済面だけではありません。実際には「家族」や「仕事」や「教育」といった社会の礎《いしずえ》を築く要素にも、格差が広がっていたのです。私は以前「希望格差」という言葉を使いましたが、人々の意識や態度といった心理面にも、格差が生じています。

社会的格差の固定化にもつながりかねない変化が、今回のコロナ禍によって加速化してしまったことは、日本で暮らす人々が抱えている不安の中で、より顕著になっているのではないでしょうか。

本書では、コロナ禍によって加速するだろう日本社会の格差を、社会学の視点から五つに分けて指摘していきます。この潮流全体を個人の力で押し止《とど》めることは難しいかもしれません。しかし大きな潮の流れがどの方向に向いているのか、あるいは濁流の中でも、とどまって休むことができる陸地の場所がわかっていれば、生き延びられる確率は飛躍的に高まります。

百年前に世界的なパンデミックとなったスペイン風邪は、WHOによれば世界人口の25~30%が感染し、諸説ありますが推定では1700万~1億人が死亡したとされています。しかし日本人の39万人が死亡したとされるそのスペイン風邪も約三年で収束し、その後の世界は長期的に見れば経済成長を続けていきました。

今回のコロナ・パンデミックも正確な時期は予想できませんが、いずれ必ず収束し、私たちは、感染リスクを気にしないで済む暮らしを取り戻すことができるはずです。

そのときの社会の姿は、コロナ禍以前と同じでしょうか？

決してそうではないでしょう。

日本社会のかたちがコロナという潮流に呑み込まれて不可逆的に変わっていくとしても、本書が少しでも多くの人にとっての「海図」となり、今後のライフデザインの公平な道標になることを願い、ここに記してまいります。

新型格差社会　目次

第3章 仕事格差〜中流転落の加速化 87

第4章 地域格差〜地域再生の生命線 117

第1章　家族格差～戦後型家族の限界

震災以上のコロナ禍の衝撃

コロナ以前に日本を襲った大規模な災害といえば、1995年に起きた阪神淡路大震災と、2011年に起きた東日本大震災、それに伴う福島第一原発事故が挙げられるでしょう。どちらも非常に大きな災厄で、多数の被災者を生み出し、日本経済にも多大なる打撃を与えました。

しかし、未来にもたらす社会影響という観点からすれば、その二つの震災すらも2020年に始まったコロナ禍に比べれば小さいと言わざるを得ません。阪神淡路大震災では約6000人の方が亡くなり、発生後二十六年が経った今でも神戸市にはその傷跡が残っていますが、関東圏をはじめ関西圏以外で暮らす人々の生活実態にはほぼ影響がありませんでした。

2万人以上の犠牲者が出て、今もなお4万人超の人々が原発事故のためにふるさとに帰れない状態にある東日本大震災も、日本全土には被害をもたらしていません。東京でも一時的に帰宅難民が出たり、計画停電があったりし、私の勤務する大学の卒業式も中止になりましたが、その後は震災前の日常に戻っていきました。

ところが目に見えないコロナウイルスは、北海道から沖縄まで日本全土にまたたく間に広がり、国民全員の生活を根底から変えてしまったのです。

多人数での飲み会やパーティはなくなり、各種のイベントは中止され、人々は日常的にマスクをつけて生活をすることがパンデミック下における生活の「ルール」となりました。このウイルスは日本人のライフスタイルを変容させただけでなく、これまで隠されていた格差を可視化させ、しかも拡大させる契機となったのです。それは日本だけでなく、世界中で同時に進行しています。

私は2004年に上梓した『希望格差社会——「負け組」の絶望感が日本を引き裂く』(ちくま文庫)で、中高年男性の自殺者数が1997年から08年にかけて1万人近く増加したことを記しました。その原因を調べる過程でわかったのが、日本経済の構造転換に伴う経済危機が、自殺者数の増加をもたらしたという事実でした。

97年にタイで始まったアジア通貨危機は、東アジア、東南アジア各国の通貨に急激な下落をもたらし、それが端緒となって日本でも北海道拓殖銀行や山一證券、長期信用銀行といった護送船団方式で守られてきた大手の金融機関を次々と破綻に追い込みました。その他にも多くの企業が倒産することによって、連鎖的に関連中小企業も業績不振や倒産が相次ぎ、多くの中高年男性がリストラや会社自体が消えたことによって職を失いました。当時、経済危機というマクロの事象による影響を直に受けたのは、稼ぎ頭の中高年男性だったのです。

拙著『希望格差社会』において、「アジア通貨危機に始まった社会変動は、戦後長らく続いてきた社会の不可逆的な変化を顕わにしたのではないか」とも、私は指摘しました。太平洋戦争後から1990年代前半までの日本の家族は、「父親が正社員で働き、母親が専業主婦もしくはパートで家計を助けながらも主婦として家事を切り盛りし、平均して二人の子どもを育てる」という姿がモデルケースでした。このような核家族を中心とした世帯が東京をはじめとする都市圏に集まり企業活動に従事することで、「豊かな生活を目指す」というレールがほとんどの国民に共有されていたわけです。

ところが、1992~93年のバブル経済の崩壊によってその「一億総中流」の社会の前提が崩れ去ったタイミングで、さらに通貨危機が追い打ちをかけました。同時期に、派遣業法の改正などで非正規の働き方が公のものになりました。

多くの企業は労働コスト削減の一環として、正規雇用を抑制し、非正規雇用によって労働力を確保するようになりました。それに加えて大量の非正規雇用で成り立っているコンビニやファストフード、観光などのサービス業が拡大の動きを見せました。今まで例外とみなされてきた非正規雇用が常態となり、特に若者の間で広がり始めていったのです。

その結果、企業の業績は回復し、サービス業も大きく発展しましたが、雇用には大きな「不可逆的変化」が生じました。それは、正社員と非正規社員の間の経済的なギャップであり、非正規社員が増大していくことで、「頑張って働いても、家族を養って豊かな生活が送れる収入を得られるとは限らない」という「格差社会」が出現したことです。

このような背景から、日本の自殺者数は1998年に前年の2万4000人から一気に3万2000人に激増後、2011年まで毎年3万人を超える状況が続きます。これは、アジア通貨危機からリーマン・ショック（2008年）に至る経済危機を原因としたリストラや会社倒産などによって、自分の収入で家族を養っていけなくなった中年男性の絶望

自殺者数、年別の推移

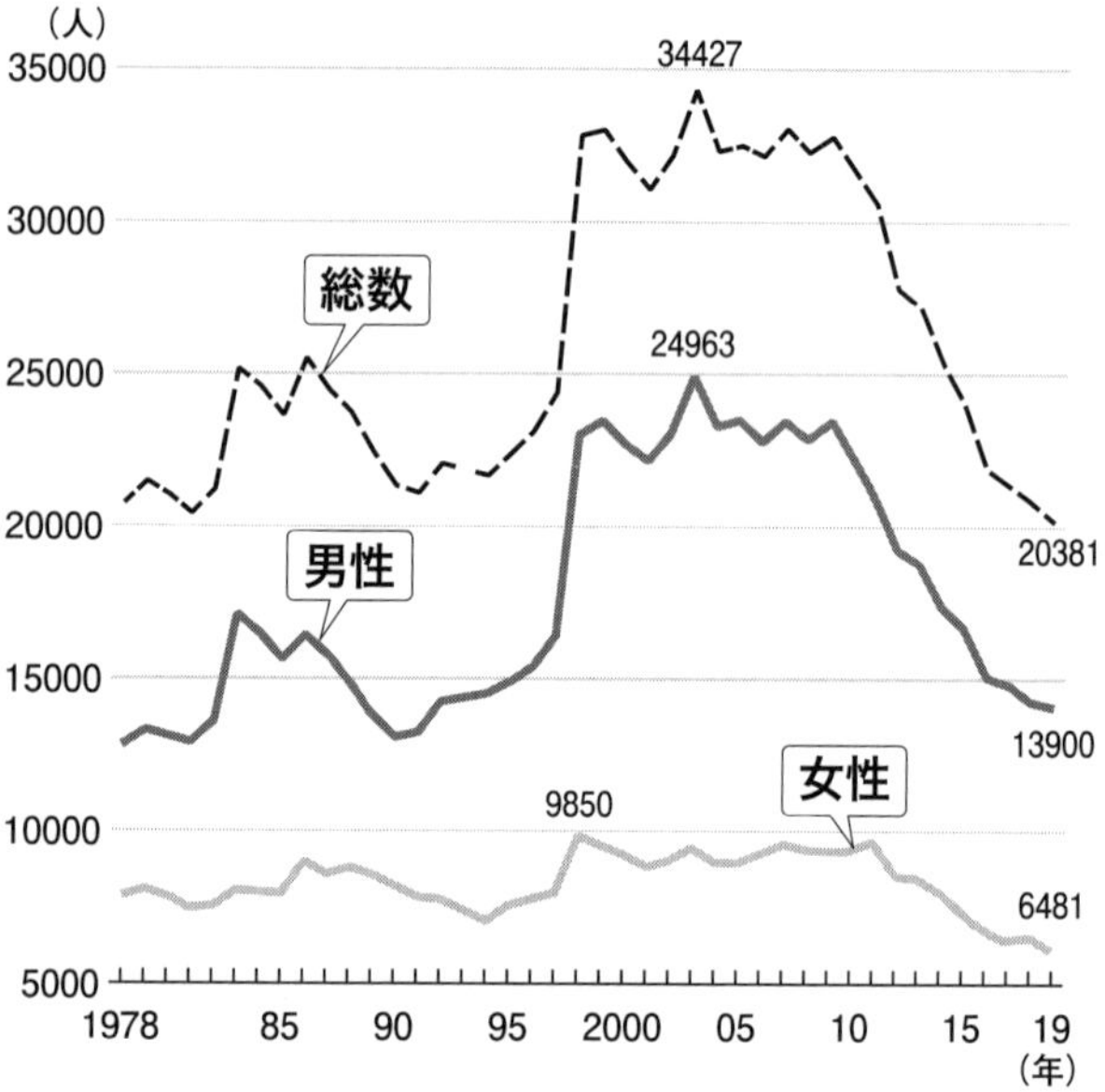

出所：警察庁「自殺統計」

自殺者数、2019年と2020年の比較

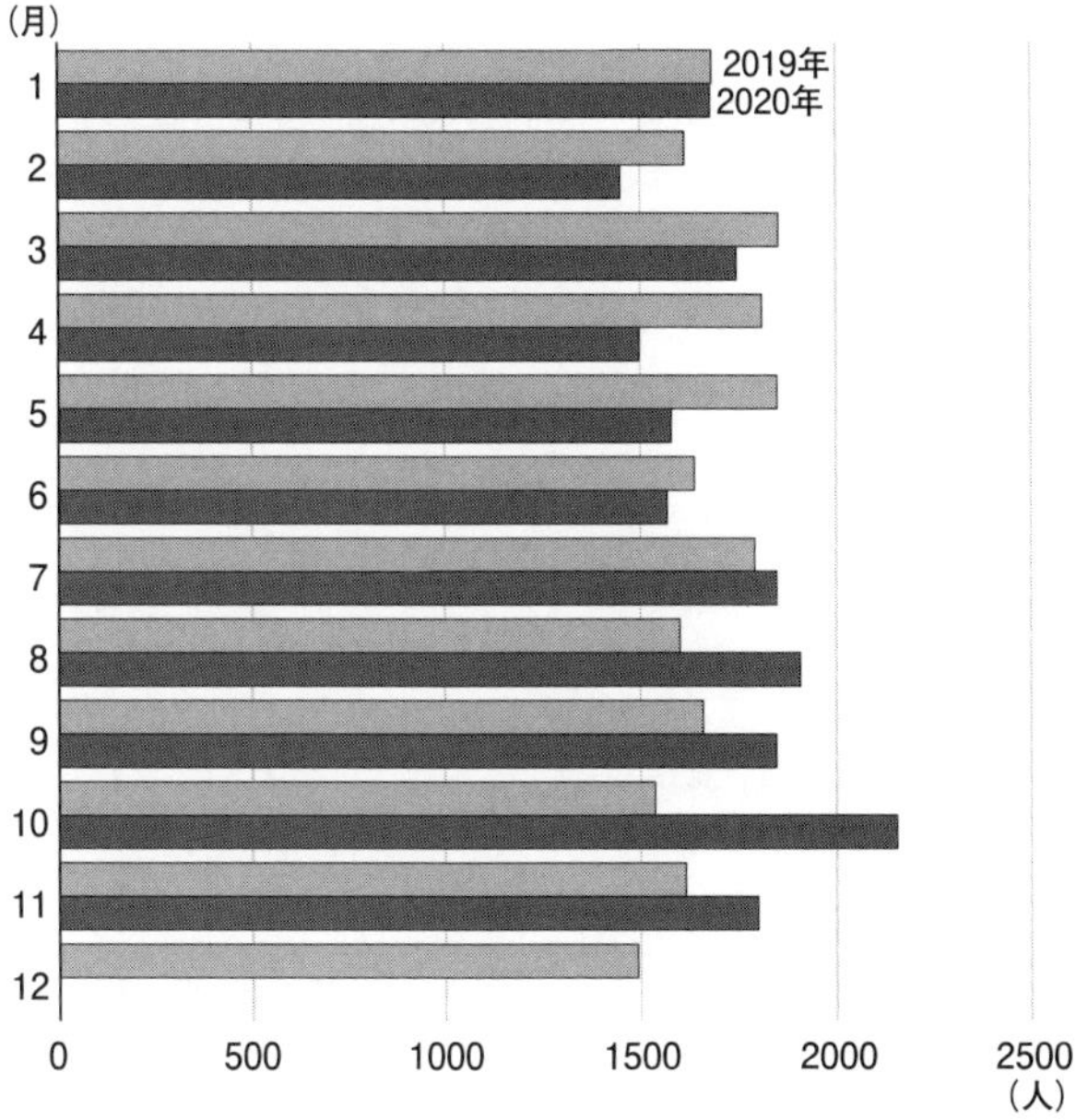

出所：警察庁「自殺統計」

自殺者数、2019年と2020年男女別の推移

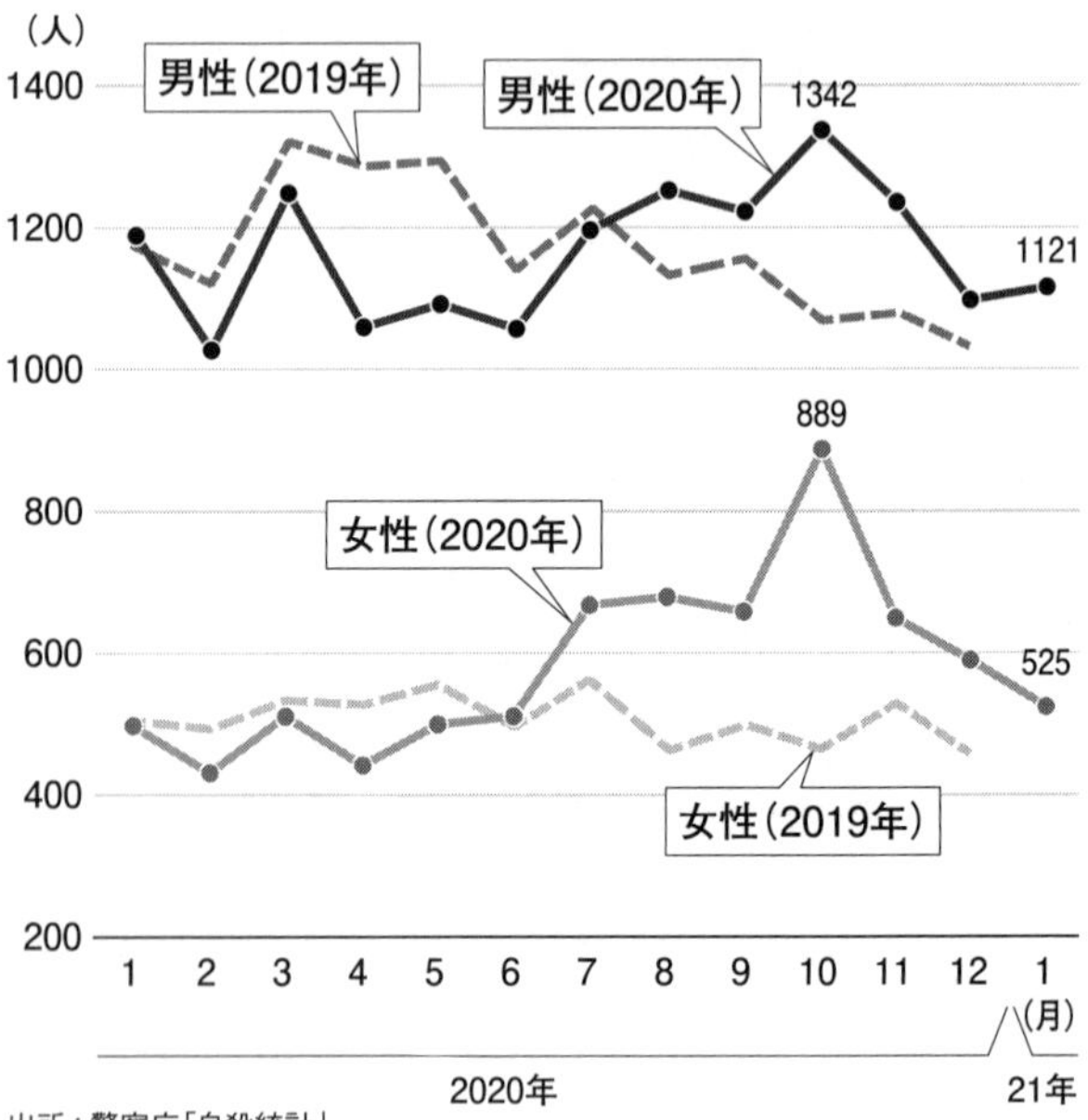

出所：警察庁「自殺統計」

の数字です。その後、景気の回復や厚労省を中心とする自殺対策が功を奏したこともあり、２０１０年から19年にかけて自殺者数は徐々に減少していきました。特に中高年男性の自殺者数は大きく減りました。

こうした状況を大きく変えたのが、新型コロナウイルスのパンデミックでした。**２０２０年７月頃から、コロナ禍によって再び自殺者の数が増加に転じている**ことが多くのメディアで報道され始めました。警察庁の発表によれば、２０２０年に入ってからの自殺者数は、６月までは前年同月に比べて少ない数でしたが、７月以降は五カ月連続で増加を続けています。

若年女性の自殺者数増加

中でも目立つのが、10代から30代の若年女性の自殺者数の増加です。２０２０年、６月まで自殺者数は前年を下回っていたのですが、７月以降は前年を大きく上回る数字で推移しています。男性の自殺者数を見ると、８月においては前年に比べ10％増でしたが、女性全体では45％も増加しています。さらに20歳未満の女性に限れば、前年同月に比べて３・

6倍にも増えているのです。警察庁集計の速報値では、2020年自殺者数の女性総計約7000人中、40歳未満の女性は1643人にのぼりました。

このことは、コロナ禍が社会にもたらしたさまざまな「ゆがみ」が、社会の構成員の中でも「弱い存在」である女性に悪影響を及ぼすことを示唆しています。もともと経済的に弱い立場におかれていた若年女性が、コロナによってもたらされた収入減や失職、若年女性を支えてきた家族のトラブルなどに見舞われ将来の希望を奪われたことが、自殺者数の増加につながったと考えられるのです。

そもそも、2019年の内閣府の世論調査で見ると、若年層は最も生活満足度が高い層です。経済的には最も弱い存在であるのに満足度が高い背景には、家族への依存がありります。親と同居していれば親に、そして既婚女性であれば夫に経済的に頼れるので、本人の収入が少なくても大丈夫だったのです。その層で女性の自殺者数が増えているということは、収入が少なく、かつ、家族にも頼れなくなり将来の見通しもない若年女性が増えていることが推察されます。

女性の自殺者数増加から推測できるのは、**コロナ禍がもたらす影響は、社会の「上層」**

現在の生活に対する満足度

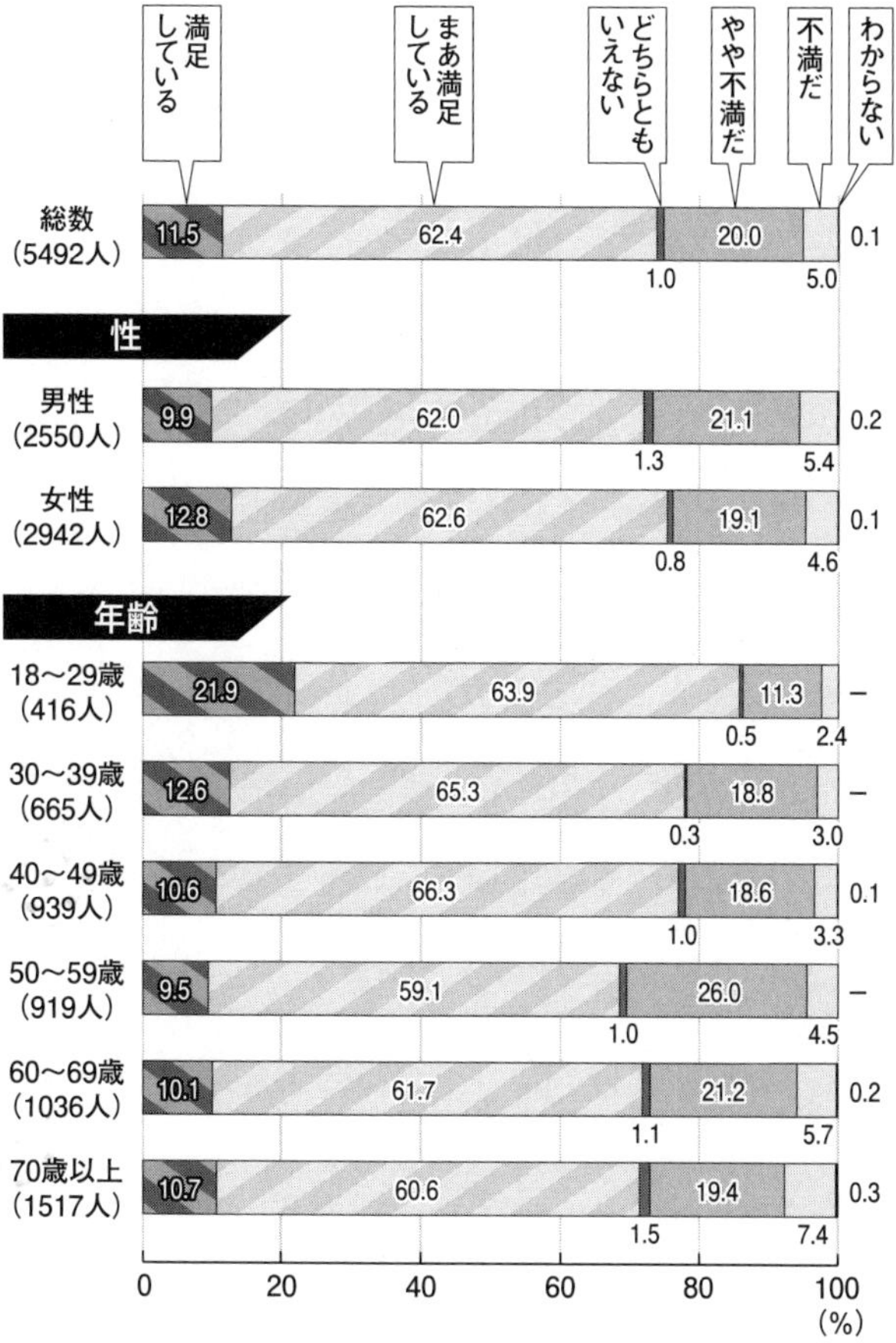

出所：内閣府「国民生活に関する世論調査（2019年）」

と「下層」では、下層で生きる人々にとってより大きいということです。それまで毎月ぎりぎりの所得で中流生活を維持していた家庭にとって、コロナによる営業自粛や収入低下、解雇はライフラインの問題に直結します。「今までの生活を維持できるかどうか」、その選択を迫られるのです。

　夫がサラリーマンとして安定した雇用についている家庭でも、今の日本社会には「ぎりぎり」の水準で生活を続けている世帯が少なくありません。たとえば40代の夫が毎月残業代を合わせて30万円の手取り収入を稼ぎ、そのうち住宅ローンに10万円払い、残りの20万円で四人の家族が生活しているといった家庭です。年に二回のボーナスを活用して車のローンを支払い、中学生の子どもの塾代などは妻がパートで得たお金をあてる、といった具合に何とか中流の生活を維持しています。

　そうした家庭が、コロナ禍によって仕事が減ったり、残業代やボーナスがカットされてしまったりしたら……。妻の働いていた飲食店が休業するため、パートの収入がなくなってしまったら……。たちまちそれまでの生活を維持することが不可能になるのはいうまでもありません。中流家庭から一気に転げ落ち、「隠れ貧困世帯」から本当の貧困生活へと

職業別の自殺者数の推移（女性）

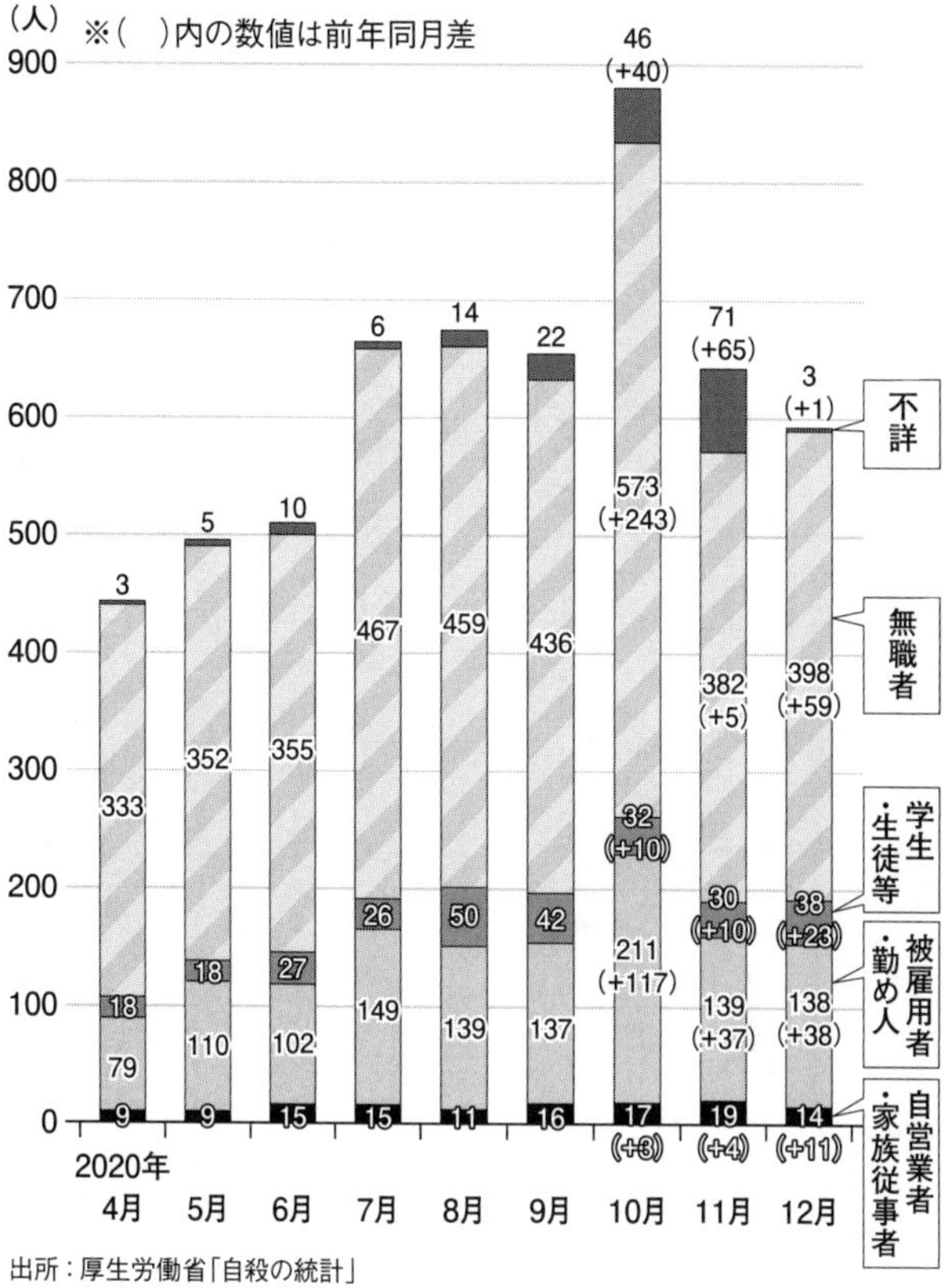

出所：厚生労働省「自殺の統計」

転落してしまう可能性があるのです。

今の日本社会は、稼ぎ手が長期的な病気にかかったり、会社でリストラされたり離婚したりといった「予測していない事態」に陥ると、リカバリーするのが難しい構造になっています。マイナスのきっかけが一つでも起こると、あっという間に転落してしまうリスクがあるのが、現在の日本の実相なのです。そしてコロナは、その「マイナスのきっかけ」を広く日本中の家庭にもたらしたわけです。

ますます加速する少子化

コロナが日本にもたらした社会変化は、自殺者数の増加だけではありません。今後の日本の運命を、長きにわたって決定的に変えるだろう変化が起きています。それは、「結婚数と出産数の減少」です。少子化は、コロナ禍前から日本社会のトレンドでしたが、その傾向をコロナ禍が加速させました。2020年の婚姻数は、厚労省の速報値で、日本全体で2019年に比べて12・7％も減少しています。

婚姻数減少の原因としては、まず結婚を控えたカップルが「式場での感染を恐れて結婚

出生動向調査と婚姻数

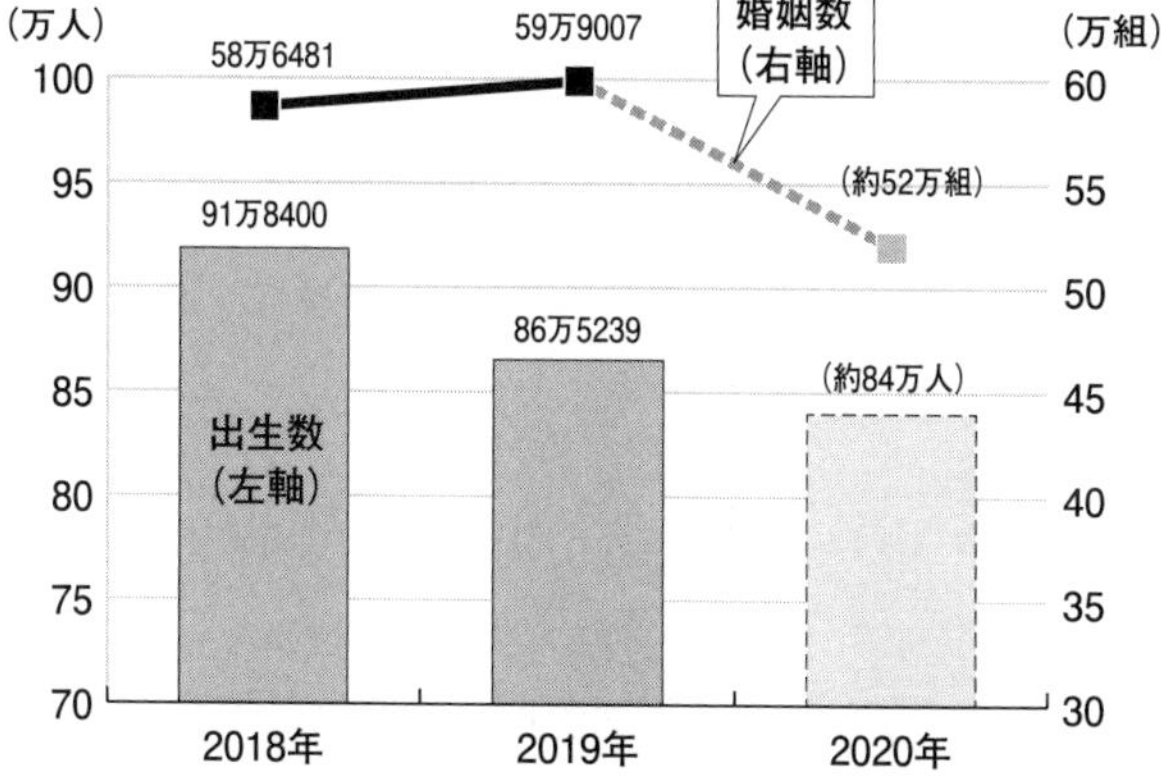

2020年の日本の出生数確定は、約84万人、婚姻数は約52万組と推定される(2021年9月に正式に発表される)

出所：総務省統計局(人口動態統計による)

註・2021年2月発表速報値(外国における日本人出生も含む)
出生数／2019年：89万8600人、2020年：87万2683人
婚姻数／2019年：61万5652組、2020年：53万7583組

の日取りを先延ばしにした」ことが考えられますが、それ以上に、コロナ禍による経済的影響により一方もしくは双方の収入が減少して、「結婚後の経済的生活に関して見通しが立たなくなった」カップルが増えている可能性があります。また、感染リスクに関して意見の相違が顕在化して別れたカップルもいるかもしれません。詳細は今後の調査で明らかになるでしょうが、地域ごとの変化を見ても、東京など感染が広がっているエリアでの婚姻数の減少が著しいことが判明しています。事実、**コロナ禍で結婚という新生活に踏み出すカップルが大きく減った**ことは否めません。

さらに今後はコロナ禍の生活ルールで「結婚に至る出会いが減少する」ことにより、結婚減少にもっと拍車がかかるだろうと予想されます。実際に２０２０年の１月には、恋人がいない未婚者で婚活をしている人が13％だったのが、10月には10％にまで低下していることがわかりました（エウレカ社調査）。公的団体も含めた多くの結婚情報サービス業者は、20年の非常事態宣言以降、不特定多数が集まる婚活パーティなどを中止しています。一対一の見合いの紹介やマッチングアプリでの出会いは継続していますが、リアルに会うことをためらう人も多いと聞きます。「合コン」や「街コン」などは最盛期の４分の１くらいに激減しています。

確かに「独身では不安だから結婚したい」という人は増えているようです。しかし、結婚後経済的に生活できるかどうかを考えると、特に女性は男性に経済的条件を求めます。コロナ禍によって女性の男性の職に求める条件はますます厳しくなり、それに見合った男性は従来以上に不足していくことでしょう。

つまり、**従来型の結婚生活、主に男性の収入で生活する家族の限界が如実に明らかになっている**のです。

次に、子どもの出生について見てみましょう。

昨年、「2020年の出生数は増えるのではないか」と予想されていました。なぜなら、2019年は令和元年の記念で、婚姻届を出す人が2018年に比べて増えたからです。日本では、結婚後一年程度の出産が多いので、婚姻が増えれば、出生数は増えるはずです。しかし速報値では、2020年の出産は、統計上最低といわれた2019年の出産数を約2万5000人下回っています。確定値では、85万人を下回るのではないでしょうか。そもそも出産適齢期の女性の絶対数が減りつつある中、コロナ禍前の妊娠にもかかわらず、減少傾向に歯止めがかかからないのです。

そして、2021年の出生数はさらに減ると予想されています。

出生数に関する厚労省の調査では、医療機関への妊娠届け出数が、20年5月から7月にかけて前年同期比で11％下落していることが判明しています。妊娠数の減少は、翌年生まれる子どもの数が減ることを意味します。2021年出生数の予測では80万人を割り込むことが確実視されており、これは戦後の269万人（ベビーブーム期に生まれた現在の「団塊の世代」のピーク時の出生数）の3分の1以下であり、十年前の2011年の105万人と比べてもなお、想像の域を超えるような少ない数字なのです。すでに2020年12月の出産数は、前年に比べ7・3％も下落しました（2020年2月頃の妊娠）。コロナの影響はもう出始めているのです。

妊娠が減少した理由については、いくつかの原因が考えられます。一つは妊娠しているときにコロナに感染したくないという、健康上のリスクを考えて妊娠を避けたこと。検診で病院に行ったときにコロナに感染する可能性もありますし、医療崩壊が叫ばれている中、妊娠して何かあったときに十分な医療が受けられるのかという不安もあることでしょう。わざわざパンデミックの時期に妊娠する必要はない、と考えるカップルが増えるのは当然です。

2020年10月21日の東京新聞では、不妊治療を専門とするクリニックを受診する女性の数が、3月から6月にかけて急減したことが報道されました。同記事では、里帰り出産や立ち会い出産など、平時の選択肢が不可能なことに不安を感じてコロナ禍での妊娠を避ける人が増えていることも指摘されています。

その他にも妊娠を避ける大きな理由の一つに、家庭の経済事情があります。結婚が減少したのと同じ理屈で、コロナによって夫の収入が減った、妻がパートで働くことができなくなったなどの世帯収入の減少が要因となり、妊娠を先延ばしにした人も多数いると予想されます。

日本では、結婚している夫婦のほとんどが将来の教育などを想定して計画的に子どもを産みます。子どもの養育には少なくないお金が必要となりますので、**将来の生活の見通しがつかない状況があれば、出生数は相当に減って当然**なのです。

出生数の減少は２０２１年だけに限られる話ではありません。先程、婚姻の数が減ったことを述べましたが、日本人の多くが結婚してから一～二年で第一子を産みますので、結婚自体が減れば当然、出生数も減少することになります。さらに日本人の結婚数のうち約25％（沖縄では約40％）が「できちゃった結婚」であるといわれています。コロナによる移動の制限で出会いの機会が減ったことで、妊娠を契機とする結婚も大幅に減ると予測できるのです。

多くの自治体では、年号が令和に変わったことで「令和婚」が増え、出生数も増えるだろうと期待していました。しかしながら、コロナ禍はそうした希望をこっぱみじんに打ち砕いてしまいました。そもそも少子高齢化問題は、これまでも日本の未来を大きく左右する事柄とみなされ、政府も出生数を増やすためにさまざまな対策をしてきましたが、いずれも目覚ましい効果を引き出せずに年々進行し続けてきました。その少子化傾向を一気に加速化させるだろうと考えられるのが、２０２０年のコロナ・パンデミックなのです。

夫婦間で広がる愛情格差

「家族格差」のもう一つの側面を検証しましょう。

最初に指摘したいのが、**「家族間の愛情格差も広がっている」という日本の現状**です。ひいてはこれが、家族格差を生む大きな要因になります。

日本家族計画協会が２０２０年に実施した「男女の生活と意識に関する調査」では、日本の婚姻関係にある20歳から49歳のカップルの間でセックスレスが年々進んでおり、とうとう51・9％と5割を超えるカップルが一カ月以上セックスをしていないという結果となりました。この調査はほぼ四年おきに実施されていますが、２００４年度の31・9％に比べて20ポイントもセックスレスのカップルが増えていることになります。私は欧米で講演することも多いのですが、日本でセックスレス夫婦が多いことを話すと、「それなら結婚している意味はどこにあるのか？」という質問をよく受けます。

その一方で、私の個人的な印象になりますが、昭和の時代に比べて「仲のいい夫婦」の割合も増えているのではないでしょうか。つまり、「仲がいい夫婦」と「仲が悪い夫婦」の格差が大きくなり、それが併存しているというのが最近の傾向であると考えられます。

欧米の婚姻は、お互いの愛情を基盤とする関係性が基本なので、結婚したカップルも仲が悪くなれば離婚するのが珍しくありません。アメリカにいたときに友人の学生から聞いた話では、「パパとママがキスしなくなれば、子どもは両親の離婚を覚悟する」そうです。そのため、基本的に結婚十~二十年後には仲のいい夫婦しか残らないのですが、日本の場合はお互いの愛情だけでなく、経済的な安定性や世間体、友だちに対する見栄、そして「子どものため」といった理由で婚姻関係を継続しているカップルも多く見受けられます。拙著『結婚不要社会』(朝日新書)でも述べましたが、いわば「仲が悪くなった夫婦」でも、生活上のメリットがある限り、その関係を継続してしまうのです。特に高齢になればなるほど夫の死亡後の「遺族年金」がちらつき、離婚できずにいる夫婦がかなりいます。中には「卒婚」といって、書類上は婚姻関係を維持しながら「お互いにボーイフレンド、ガールフレンドをつくってもOK」と認め合っている夫婦もいます。それも離婚をする上での煩雑さから逃れるための、一つの解決策かもしれません。

逆に、知人の中には仲の良いカップルも確実に増えています。二十~三十年前の一般的な婚姻関係に比べ、夫婦ふたりでひんぱんに旅行に行ったり、同じ趣味を楽しんだりしている人々は、今の50~60代に多く見られます。私は以前から宝塚歌劇観劇やバレエの鑑賞などによく行くのですが、三十年程前は女性だらけだった観客の中に、近年ちらほら中高年の男性が交じるのを見るようになりました。よく見るとどうも夫婦連れらしく、どうやらファンの妻に連れられ一緒に観に来るようになったというパターンが増えているようです。旅行に関しても、夫婦別々でそれぞれ会社の同僚や友人と行くというケースが三十年程前までは一般的でした。しかし最近は、夫婦そろって旅行を楽しむ中高年の人たちが増えています。会社の経営者だった私の親族は、まだ60歳を過ぎたばかりなのに経営から手を引き、毎年のように夫婦で長期間の海外旅行をしています。コロナ禍以前は、三カ月かけて世界を周遊するクルーズ船も、経済的に余裕のあるリタイア組の夫婦でいっぱいだったといいます。私の友人にも、70歳の誕生日に、夫がサプライズでレストランに連れていってもらったというケースがあります。

そうした仲の良い夫婦がいる一方、「何年も口をきかない家庭内離婚」夫婦もいるのが、今の日本の現状でしょう。二十〜三十年程前は、退職した夫は「濡れ落ち葉」などと揶揄《やゆ》されながらも家では寝転がってテレビを観て、妻は妻で友人とゲートボールや趣味の会合に出るなどして、それぞれが日々を送っている、というのが一般的な高齢者夫婦の姿でした。しかし現在では、高齢になっても互いにラブラブで頻繁に旅行に行ったり、同じ趣味を楽しむ夫婦もいれば、完全に愛情を失って形だけの婚姻関係を続けている夫婦もいる。さらには、「家庭内離婚」がさらに進んで「家庭内別居」状態の夫婦もいる。その結果、家族外に愛情を求める人も出てくる。すなわち、「夫婦間にどれだけ愛情があるか」に関わる家族格差がかつてないほどまでに広がっているのが日本社会の実態なのです。

コロナ禍で深化する家族格差

家族格差の問題は、高齢者のクオリティ・オブ・ライフに直結します。

仲が悪い夫婦の夫は、家庭の中でも孤立しがちで、子どもたちからの信頼関係を失っていることも珍しくありません。もちろん妻が温かい手料理を毎日作ってくれるといったこともありませんから、外食やスーパーで買った弁当で済ませることが多くなり、健康状態も悪くなっていきます。ある医学的な研究では、一日に一回愛し合っている人とハグをすることで、オキシトシンという愛情ホルモンが脳から分泌されて健康を増進するという報告がありますが、当然そのような機会もとうの昔に失われています。最近ではそうした世の中の動きを受けて、愛情格差で下層にある男性の心の安寧を得るために、高齢者男性に特化したキャバクラなどの風俗産業も生まれてきていると聞きます。

今回の**コロナ禍で、今述べた「家族格差がさらに拡大していくことはほとんど間違いない」**と私は考えています。感染を予防するために「ステイホーム」の重要性が日本だけでなく世界中で叫ばれていますが、家にいれば当然、パートナーと顔を合わせる時間が増大します。先程は高齢カップルの例を挙げましたが、高齢の夫婦の愛情格差が顕わになる最大の原因は、退職によって夫が家にいる時間が増えたことです。それまで夫婦が役割分業することによって潜在していたお互いのコミュニケーション問題が、表出したわけです。すなわち、コロナ禍のステイホーム要請によって、高齢夫婦だけでなく若い世代の現役夫婦にも、愛情格差の問題が広がっていくだろうと予想されるのです。

「これまで夫は朝から夜まで会社に行っていたため、家庭内で交流する時間が少なく、ぎりぎりの関係を維持できた。しかしコロナでお互い在宅時間が増え、夫の顔を見ているうちにイライラが我慢できなくなった」

そんな既婚女性の声は、ツイッターを検索するだけでも、数限りなく見つけることができます。夫は夫で、妻への積もり積もった不満が爆発し、ドメスティック・バイオレンス（DV）を引き起こすというケースが世界的にも増加しています。コロナの感染拡大の場として「夜の街」がやり玉に上げられたニュースをご覧になった方も多いと思いますが、キャバクラやスナックなどの夜の店は、家庭内に居場所がない夫にとって、女性とコミュニケーションができる貴重な場だったのです。それもコロナによって、気軽に立ち寄ることが難しくなってしまった。妻は妻で、たとえばそれまで友だちとランチをしながら夫の悪口を言うのが息抜きになっていたとすれば、コロナで友人とおしゃべりができない環境は精神的な辛さを生んでしまう。すると、お互いにストレスは溜まる一方になります。夫婦がともに親密な関係性でいることに幸せを感じているカップルは、コロナ禍にあっても変わりなく暮らしていけますが、そうでないカップルにとっては、コロナはDVや離婚の引き金となり得るのです。

どうやらコロナ禍は、夫婦の愛情のリトマス試験紙のような役割を果たしたようです。夫婦というものは、感性や価値観がすべて同じという関係性ではありません。普段は意識しないような価値観の違いでも、コロナ禍によってそれが表に現れます。知り合いに、感染を気にせず外で会食しまくる夫と、感染が気になってしかたがない妻、というカップルがいました。結局、夫が帰宅しても妻と子どもは一緒に食事をせず、夫には独りで個室で食べてもらっているそうです。一方、仲が良い夫婦は、感染に関する価値観が違っても互いによく話し合って妥協点を見つけ、それを機にますます理解を深めてゆきます。そんな夫婦もいれば（イー・ウーマン円卓会議２０２１年１月投稿）、コロナがきっかけで離婚寸前になっているという夫婦もいるようです（読売新聞『人生案内』２０２１年２月14日付投稿）。

新型ドメスティック・バイオレンス

ここ数年の結婚数の減少に伴い、日本全体の離婚数は、実際のところ漸減していました。日本では、子どもを育てるためにある程度の経済的な余裕が必要です。シングルファーザー、シングルマザーになると、収入が減ることで子育てが難しくなる。ですから相手への愛情がなくなったとしても、子育てのために婚姻関係を継続するカップルがたくさんいます。特に、専業主婦を続けてきた女性の場合、男性に比べて離婚後に子どもを育てながらフルタイムの仕事に就くことはかなり難しいため、離婚を躊躇する傾向が見られます。

警察における配偶者からの暴力事案等の相談等件数

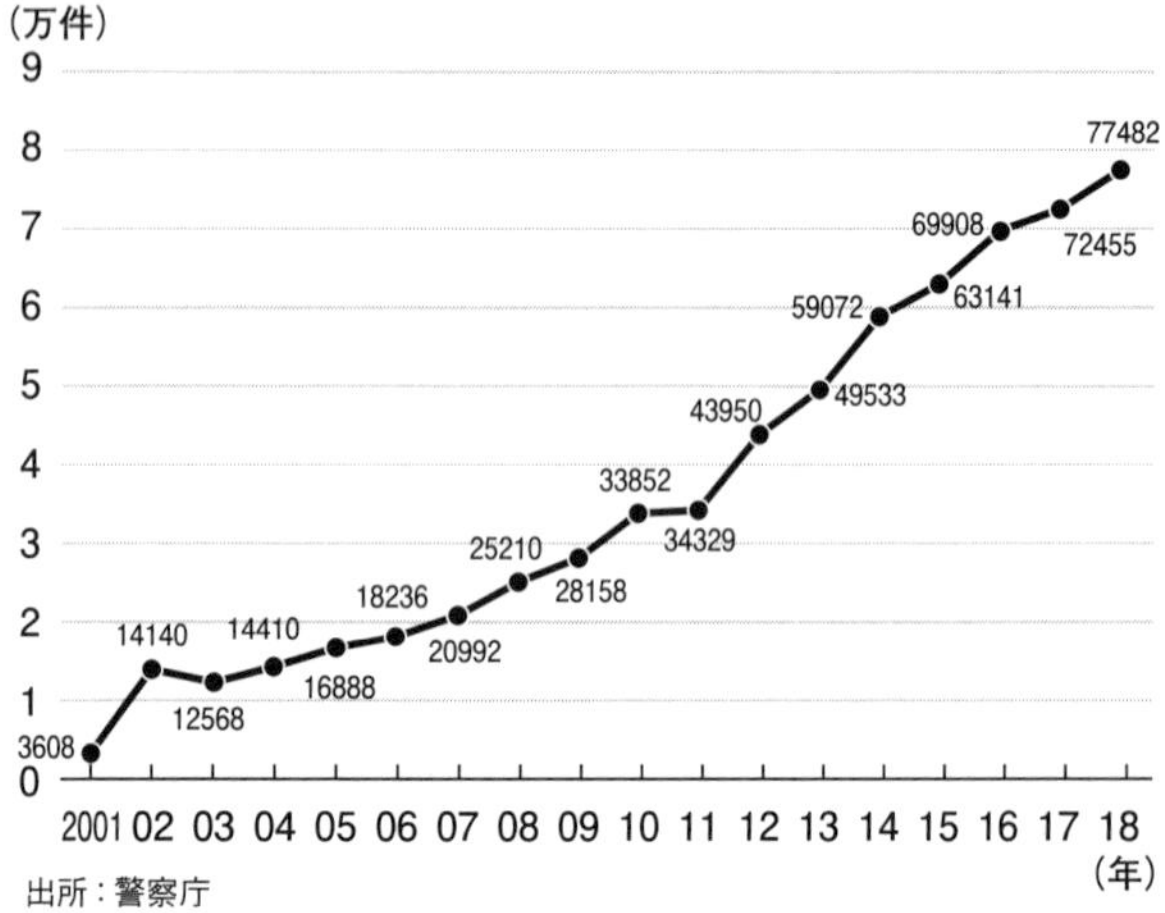

出所：警察庁

私は内閣府の「男女共同参画会議　女性に対する暴力に関する専門調査会」の専門委員を、約十五年間続けてきました。ＤＶに関する最近のデータ傾向を見ると、女性センターなど専門機関への相談件数は右肩上がりで増えています。しかし、「保護」に至るケースはそれに比例していないことがわかります。

保護とは（多くの場合）、夫のもとから逃げ出して、シェルターなどに入ることを指します。相談は増えているのに保護件数が増えていないという事実は、ＤＶを実際に受けていても、夫と暮らしたほうがまだましと考えている女性が増えて

婦人相談所における一時保護件数

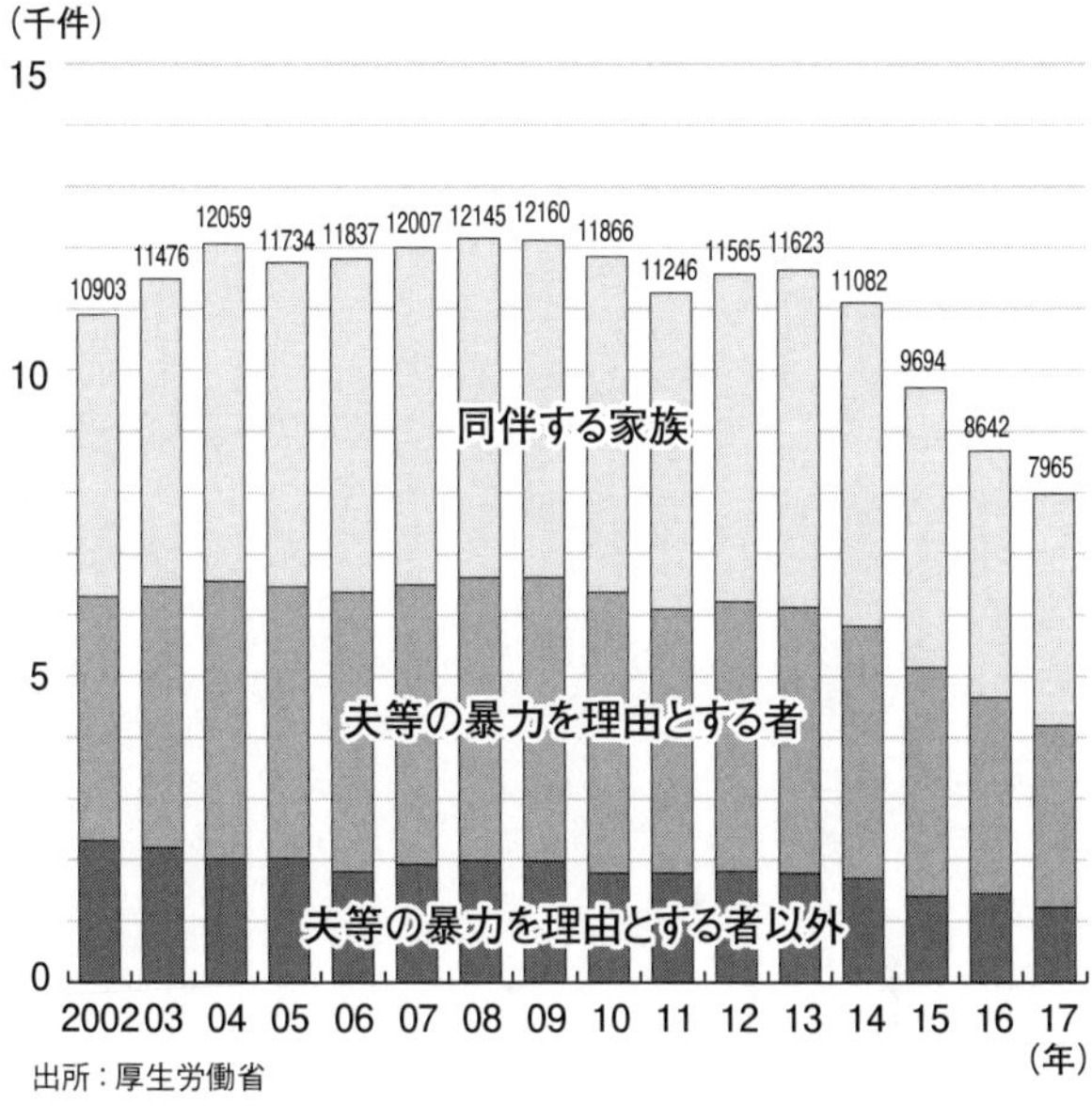

出所：厚生労働省

いることを示します。常日頃から口頭で罵倒されたり、たまに暴力をふるわれたりしても、別れた後の経済状況を考えると今の生活を続けざるを得ない。被害を受けている側に我慢し続けることを強いて、ＤＶを行う側にはほとんど何の介入もできない。それが今の日本のＤＶ政策の実情です。

ＤＶの加害者は男性であることがほとんどですが、夫のほうも、妻は逃げても自活できないと思っているからＤＶをし続けられるという側面があるのです。ちなみに欧米には、ＤＶの被害者はそれに対応するための有給休暇の申請をすることが認められている国が複数あります。加害者に対する自宅からの退去命令がある国も多いです。一方日本では、夫が嫌がらせで妻の職場に押しかけ、それが理由で退職に追い込まれるような事態も稀《まれ》ではありません。

こうした現状を改善するため、国のほうでも**被害者を保護するだけではなく、暴力をふるう側に介入すべきだという議論**が始まっています。私たちの部会でも、加害者に適正な形でアプローチしてＤＶをやめさせたり、加害者を退去させたりする方法を論議しているところですが、具体的な支援が可能になるまではまだしばらくの時間がかかりそうです

（男女共同参画会議ＤＶ専門部会報告書／２０２１年参照）。

以前、私がインタビューしたあるＤＶ被害者の女性は、「夫が年老いて寝たきりになったら、とことん思い知らせてやろうと思います」と話していました。いつか必ず復讐してやろうと強い憎しみを抱きながらも、その女性は夫と別れる道は選ぼうとしていませんでした。

これはあまり知られていない事実ですが、日本のほとんどのドメスティック・バイオレンスの保護施設では、逃げてきた被害者が携帯電話を持つことを認めていません。携帯電話のＧＰＳ機能で居場所が加害者に知られてしまうことを防ぐため、というのが理由ですが、そんなのは位置情報の機能を切ればよいだけの話です。今どき携帯がなければ、仕事を探すこともできません。この決まりを改めるように私も働きかけているのですが、「規則ですから」の一点張りでなかなか動いてもらえないのが実情です。恐らく、万が一切り忘れがあったときに、加害者が保護施設を突き止めて乗り込んでくるというような事態の責任問題を恐れているのでしょう。他にも施設の入所者に対して厳しい行動制限があることと自体が、「ＤＶの被害者を施設入所から遠ざけている」要因の一つだと考えられます。

このような事情から、DVの保護施設に入所するのはよほどのことがあった人にとどまっています。DV保護施設の代わりに、以前から被害者の「駆け込み寺」的な場となっていたのが、男性への接客を伴うサービス業です。キャバクラや風俗業で働けば、普通のアルバイトよりもずっと割のよい報酬が得られ、生活の自由を制限されることもありません。そうした店の中には、独自の寮を備えていたり、保育所と提携しているところもあり、幼い子どもがいる女性でも働きやすいようになっています。職住が確保でき、DV加害者の夫からも守ってくれる、いわば「頼りになる場」だったのです。

女性がそのようなサービス業に頼らざるを得ない背景には、どのような男性とパートナーになるかという選択によって、女性の人生がかなりの割合で決まってしまう現実があります。男性の場合はいかなる親のもとに生まれようとも、結婚相手がどんな女性であろうとも、働く能力がありさえすれば、お金を稼いで食べていくことが可能です。

しかし、女性は幼い子どもを育てる期間は長時間働けないことが多いため、配偶者の社会的な立場や稼ぐ能力、そして「性格」によって、自分自身の生活レベルもほぼ決まってしまいます。格差社会の中で「上層」にいる男性と結婚するか、「下層」の男性と結婚するかで、人生がまったく変わってしまうのです。離婚を選んだ場合も同じです。高収入で資産がある男性と結婚している女性は、夫が離婚を望んだ場合、多額の慰謝料の支払いや財産分与を受けることができます。しかし、収入が少なく資産もない夫の場合は、慰謝料どころか養育費も期待できません。離婚後の養育費が支払われないというケースがよく報道されますが、そもそも養育費を支払う経済的余裕がない男性が増えていることが原因なのです。

キャバクラなどの風俗産業は、そうした女性が経済的に誰も頼れなくなったときの、一種のセーフティネットとして機能していた側面があります。母子家庭の母親であっても、とりあえず生活の場を確保しながら、お金を稼いで生きていくことができたわけです。実際、日本経済が低迷しているこの二十年程で、タテマエ上は身体的な接触がない、キャバクラやガールズバーでアルバイトとして働く学生は珍しくなくなりました。親の収入が低下する中で、少しでも時給の高いバイトを選ばざるを得ない学生が増えているのです。ホストクラブでバイトし学費を支払った、という男子学生も現れてきました。風俗業で働くことに対する若年層の意識は、昭和と平成では大きな違いがあるのは間違いありません。

増え続ける独身男性だけでなく、セックスレスの家庭では夫と妻に愛情面でのコミュニケーションがないため、異性との親密な関係性をそうした店で擬似的に満たす男性も数多く存在します。家族に頼れない女性と、同じく家族がいない、もしくは、家庭に居場所がない男性の需要と供給が、そこでうまくマッチングしていたのです。

ところがその状況を一変させたのが、新型コロナウイルスでした。

2020年9月、私が参加する政府の男女行動参画会議DV専門部会に、大都市部の行政官が出席されていました。質疑応答の際、

「大都市部では、夜の街でクラスターが発生したと報道され、接客業で自粛が始まっているようですが、そこで働いていた人たちは今どうしているのですか？」

と訊いたところ、「公的な相談は受けていない」とされつつ、女性を支援するNPOからは風俗業で働く女性から多数のSOSが届いている、という答えが返ってきました。

全国にキャバクラ店は、約5万5000店あります。ホストクラブやキャバクラでの飲食は、客とサービスを提供する側の距離が近いため、飛沫《ひまつ》感染がより起きやすいといわれています。そこで働く女性たちは、生活のために感染の危険に怯《おび》えながら勤務を続けてい

るわけです。ところがコロナのクラスター感染が繁華街で複数発生したことで、政府や多くの自治体は、夜の店に対する休業や営業短縮を要請しました。他に頼ることができない多くの女性たちにとって、それは「駆け込み寺」や「セーフティネット」の喪失に他ならず、彼女たちが相当に辛い状況に陥っていることは疑いようもありません。

コロナが顕在化させた戦後型家族の行き詰まり

ここまで述べてきたように、コロナ禍は、家族問題の正体を可視化させる役割を果たしました。一言でいえば、「戦後型家族」と呼ばれるものの行き詰まりです。経済的行き詰まりであると同時に、愛情の面からも行き詰まっているのです。

戦後型家族と呼ばれているものは、戦後日本に広がった「夫は主に仕事、妻は主に家事で、豊かな家族生活を目指す」というような形態です。「若者同士が30歳くらいまでに結婚し、離婚せずに子どもを二〜三人育てて独立させ、自分たちの老後を迎える」というライフコースを典型とする家族のありかたです。

このタイプの家族を標準として構築される社会制度（特に社会保障制度）、及び、このタイプの家族をつくることが「幸福」をもたらすという社会意識によって、戦後型家族は成り立ちます。こうした社会制度と社会意識のセットを、「戦後型家族システム」と呼ぶことにします。

　このシステムは、マクロ的にも行き詰まり、ミクロ的にも行き詰まっています。マクロ的とは、戦後型家族をつくり維持することが、多くの人々にとって不可能になっているという側面です。ミクロ的とは、戦後型家族をつくり維持することが、必ずしも幸せを保証しないことがわかってきたことです。

　戦後型家族システムは、戦後につくられ、経済の高度成長期に普及したものです。しかし、年号が平成になる１９９０年頃からその行き詰まりが明らかになってきました。さらに、年号が令和に変わった直後に起きた２０２０年のコロナ禍が最後の一撃となって、戦後型家族システムの維持が不可能であることが明白になったのです。

　マクロ的に見れば、未婚化、それに伴う少子化は、経済の高度成長期が終わった１９７５年頃から始まりました。それが認識されたのは、１９８９年（まさに平成元年）の合計特殊出生率が１・57と判明した１９９０年のことです。男性一人の収入では、妻子を養いな

出生数と合計特殊出生率の推移

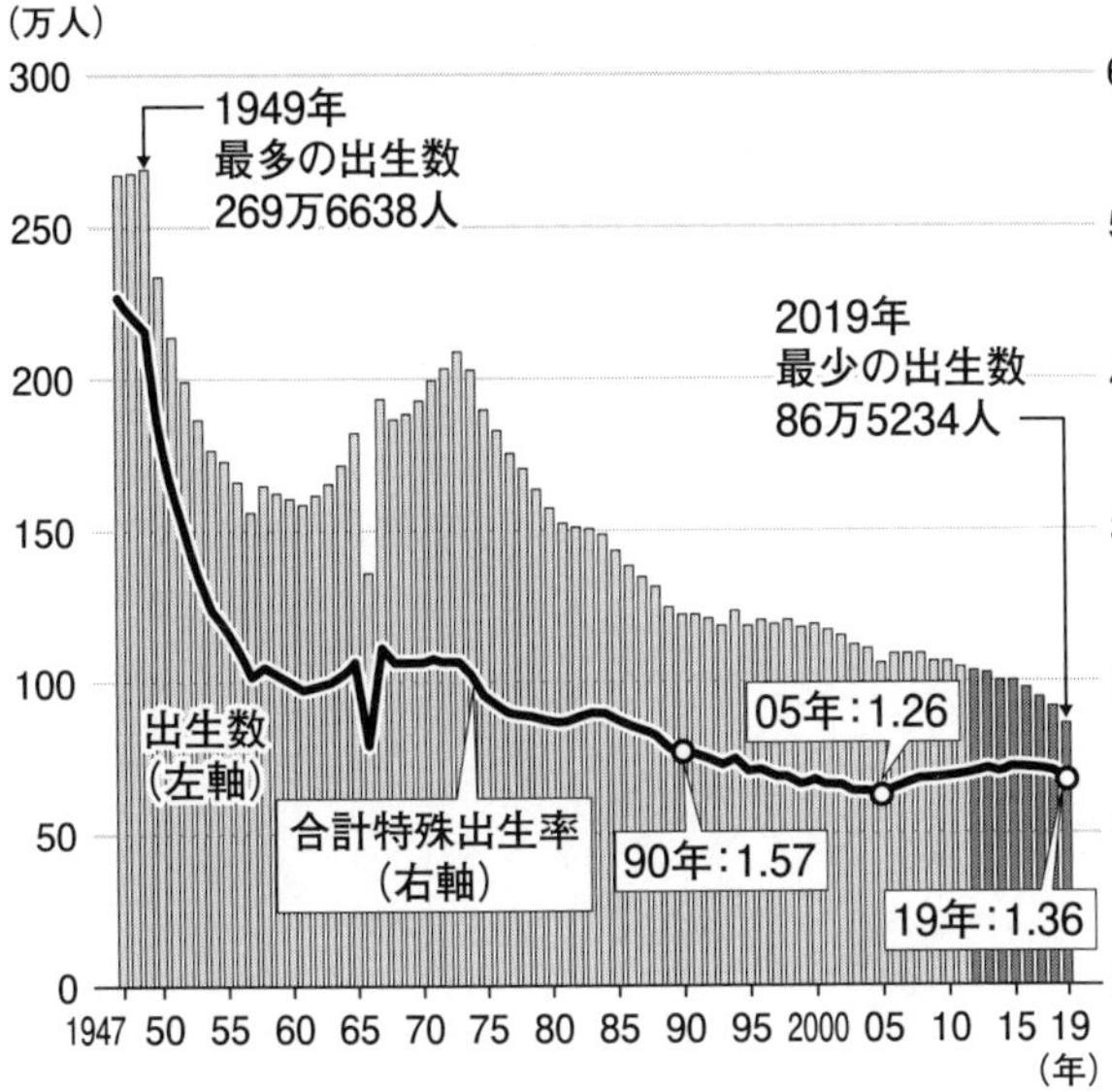

出所：厚生労働省「2019年人口動態統計月報年計(概数)の概況」

がらでは中流生活が送れないという状況が、すでに広がり始めていたのです。その結果、平成時代を通じて未婚率は上昇、合計特殊出生率は現在に至るまで低迷を続けています。

その原因は、若者の収入が相対的に低下し、非正規雇用が増え、「主に夫の収入で中流生活をつくりだす」ことが無理な若者が増えたことが一因です。しかし、社会保障や税制においては、「夫が正規雇用者であること」を前提とした片働きモデルは維持され、社会意識上も「結婚相手は安定した職業でなければ」と願う未婚女性は増えこそすれ、減ることはありません。その結果、今の若者の4分の1は生涯未婚、そして、結婚した人の3分の1は「一度は離婚する」という状況が生じてしまったのです。

令和に入ってからのコロナ禍は、先述の通り、この傾向を加速させました。2020年、結婚数は急減し、来年以降の子どもの出生数も大きく減りそうです。**「主に夫の収入で中流生活を維持する」という戦後型家族が限界点に来ている**――私はそう考えます。

夫婦の愛情も同様です。戦後型家族は、愛情に基づく家族が基本形とはいえ、夫婦の役割分業の下、夫婦間のコミュニケーションがあまりなくても、関係が維持されてきた側面があります。夫は稼いで家族の生活を支えることが妻への愛情、妻は家事をしてあげることが夫への愛情というわけです。これを私は「愛情の役割分業」と呼びました。

しかし、平成に入って共働きが増え、夫も家事をする必要が増えると、愛情確認をコミュニケーションに求めざるを得なくなります。さらにコロナ禍によって、夫婦が一緒にいる時間が長くなり、感染対策をはじめとしたコミュニケーションも必然的に増加することになりました。要するに、夫婦の間が「空気のような」「何も言わなくてもわかるような」暗黙の了解では済まなくなってしまったわけです。役割分業でつながることはできなくなり、人間同士のリアルなコミュニケーションを基にした夫婦の関係が求められるようになったのです。

第2章　教育格差〜親の格差の再生産

中流意識を支えてきた教育

コロナ禍によって拡大した格差の一つに、「教育格差」があります。

本章では、コロナがどのように教育に影響を与え、将来にわたって日本社会に「階級の固定化」をもたらす恐れがあるのかについて指摘していきます。

「自分の子どもは、自分が育った以上の環境で育てたい」。そのような意識を多くの日本人は強く持っています。我が子には惨めな思いをさせたくない。周りの友だちと比べて、引け目を感じるような暮らしはさせたくない。そう考える親がたいへん多いのです。その背景には、日本社会に根付いている「中流意識」があります。

江戸時代まで、日本では長きにわたり身分制度が続いていました。武士階級と貴族階級が、農民や商人などの庶民の上に立つ階級社会です。「身分」は厳格に固定され、インドのカースト制度と同様、生まれた家の身分を代々子孫が受け継いでいく社会でした。

しかし、明治維新によって江戸幕府が倒れると、明治政府は近代国家へ脱皮するためには身分制度を撤廃する必要があると判断し、戸籍上に士族や華族といった登録は残しながらも、「四民平等」の政策を打ち出しました。その後、太平洋戦争の敗戦により日本はGHQのもとで新たな憲法を作り、民主主義国家へと生まれ変わります。その過程で日本はのちに、「東洋の奇跡」と称賛された高度経済成長を果たすことができ、大多数の国民が自分を「中流」と認識する社会へと変革を遂げました。真面目に働いていれば結婚して家庭を持て、テレビや冷蔵庫や洗濯機といった家電製品を揃えることができ、ローンを組んだとしてもマイホームや自家用車を手に入れられる。つまり、いずれは「中流生活」に到達できる。そうした生活向上の希望が、日本人の間に広く行き渡っていったのです。各種の世論調査を見ると、1980年の時点で「自分を中流である」とみなす人は8割を超えており、最近は若干低下傾向にあるものの、「中流意識」は日本人のスタンダードな自己認識として続いてきたといえます。

それに対して多くのヨーロッパの国々では、明確な階級区分が社会に存在します。フランス革命などの市民革命によって近代民主主義社会が生まれ、建前上は平等を謳《うた》っていますが、実際には階級社会なのです。たとえばイギリスでは、上流階級、中産階級、労働者階級があり、服装から言葉遣いまでが明らかに異なります。アメリカもヨーロッパほどではありませんが、やはり社会階層によって職業や居住地、生活スタイルの分断が明らかです。こうした国々では、中産階級の家庭で生まれた人は、自分もスタンダードな中産階級の暮らしを目指します。労働者階級の家庭で生まれた人も、やはり労働者階級としての生活の向上を目指し、楽しく幸せに暮らすことを受け入れています。

日本では、戦後、多くの国民が貧しい中で新しい生活様式をスタートさせました。高度経済成長期において皆が等しく豊かになり、自分たちを「中流」とみなす時代が長く続いたため、目に見えるかたちでの「階級」は存在しませんでした。たとえ言葉遣いや服装といった外見的な違いが多少あっても（「あの家はお金持ちだ」「あのへんは貧乏な家が多い」といった羨《うらや》みや差別はありましたが）、固定された乗り越え不可能の「階級」というものは少なくともありませんでした。たとえば、最初に手に入れた車が軽自動車でも、いつの日か高級車に乗れる日が来るかもしれない、つまり、今高級車に乗っている人と自分は〝同じカテゴリーに属している〟と考えることが可能だったのです。

そのような日本人の中流意識を支える根本にあったのが「教育」です。『学問のすゝめ』

（1872年）で「天は人の上に人を造らず人の下に人を造らず」と述べた福沢諭吉は、同書の中で、「学問を勤めて物事をよく知る者は貴人となり富人となり、無学なる者は貧人となり下人となるなり」と断言しています。すなわち、旧来の身分の代わりに、「勉強ができる人間は偉くなり、無学な人間は蔑まれるようになるだろう」と主張したわけです。

明治維新以来、**日本では身分に代わって「学問」が立身出世のパスポート**になりました。たとえ貧しい家に生まれても、公立の小中学校に通い、勉強に励んで良い高校、良い大学に進学すれば、高い給与が得られる会社に就職できたり医師や弁護士といった職業にも就くことができたのです。飛び抜けて優秀ではない普通の生徒も、義務教育の中で集団行動の規範と「決められたことを正確に行う」スキルを身につけ、高度経済成長によって業績を伸ばし続けた日本企業に就職することで、「普通の生活」を十分に営めるだけの給与を手にすることができました。ただし近年までは、主にそれは男性に限られてきましたが。

女性にとっても、学歴があれば高学歴の男性と知り合うチャンスが高まり、結果的に良い生活ができるということで、教育は生活水準向上のチャンスにもなったわけです。そのため、1990年頃までは、女性にとっての「短大」は、高学歴男性と知り合って結婚するチャンスを高める学歴としても人気があったのです。

こうして、バブル経済が頂点に達する1990年頃には、「世間並みの生活」が当たり前とみなされる社会が確立され、中流意識があらゆる世代に行き渡ります。世間並みの生活ができないことは「恥」であり、そこからの転落を避けることが至上命題となるような社会が到来したのです。

世帯減収による学習格差

現在の子育て世代である1970〜90年前後に生まれた男女は、比較的豊かな親元で育っています。国民に中流生活が広く浸透し、日本経済が順調だった時代に教育を受けた彼らは、現在、30〜50歳。つまり自分自身、親からある程度のお金をかけて育てられた世代が、自らの子育て期に入っているのです。

最近、文部科学省の調査を見て驚いたことがあります。それは、高校生の子どもを持つ家庭の学校外学習費、すなわち子どもの塾や家庭教師にかけるお金について調べた報告でした。なんと、2018年の一世帯当たりの学校外活動費より、1994年のほうが明らかに多かったのです。

1994年では、公立高校の子どもを持つ家庭では平均して年額で20万4387円、私立高校の場合は30万2419円の学校外活動費を使っていました。それに対して2018年では、公立が17万6893円、私立は25万8600円と3万～5万円も減っています。

この数字からも、親が子どもの教育にお金をかけられなくなっている現実が見えてきます。調査からは、家庭教師をつけられる家庭の数が相当数減っていることもわかりました。塾に比べて割高な家庭教師をつけるためには、それなりの余裕が必要となります。日本全体で子どもの教育にふんだんにお金を使える家庭が、大幅に減ったということでしょう。

実際、私が勤務する大学でも、三十年前は一クラスに数人は家庭教師のアルバイトをしている学生（当時は東京学芸大学勤務）がいましたが、最近ではほとんど聞かなくなりました。東大や京大のような偏差値の高い大学の学生の間でも、家庭教師のアルバイトの数は減っていることでしょう。

学校外学習費には、スポーツや芸術など「お稽古事」の項目もありますが、その金額も減少しています。子育て期の親が、学校外にかけるお金はこの二十五年程でかなり減っているのです。少子化が進行している理由をそこに見いだすこともできます。今の親世代の人々は、約二十五年前に自分がかけられた以上のお金を子どもにかけられなくなっている。でも、生まれた子どもにはできるだけお金をかけて教育をしたい。だからこそ、子どもの数をしぼらざるを得なくなっているのです。

今の子育て期の40歳代世代から、日本人夫婦の一組当たり出生数は二人を切っています。**子どもを希望通りに持てない最大の理由は、子育てや教育にお金がかかること**です。自分が育った環境と同様に費用をかけようとすると、家計がもたない状況があるのです。

コロナ禍が広げる教育力の差

教育費は単に塾代や家庭教師代、お稽古事の月謝だけではありません。進学するための受験料や、参考書を買うお金、学習のためのパソコン購入代なども含まれます。子ども一人ひとりにそれらを十分与えられるのは、ある程度のゆとりがある家庭です。この二十～三十年で家計が苦しくなったのは、日本経済全体の停滞が大きな原因ですが、2020年のコロナ禍はさらに世帯年収の減少をもたらし、結果的に子どもの学習格差をも押し広げる可能性があります。

たとえば今、全国の大学では新型コロナウイルスの感染拡大を阻止するために、オンラインでの授業がメインとなっていますが、オンライン授業を十分に受けられる状況にある学生と、そうでない学生の差が現実に生まれています。私の勤務する大学では、オンライン授業への移行のために、希望する学生にWi-Fiルーターを無償で貸し出すサービスを始めていますが、そもそもパソコンを持っていない学生は、ルーターがあったところで授業に参加することができません。スマホでつないでいる学生も散見されますが、レポートを書いたり、自分の発表するプレゼンを共有したりといった授業中の取り組みを満足に行うことは難しいようです。「きょうだいで家の一台のパソコンを使っている」とか「Wi-Fi無料のところでスマホをつないで授業を受けている」といったケースもありました。親の立場からいっても、子どもが自分専用のパソコン、それもモバイルのパソコンを持っていないことで不便な思いをするのは耐え難いことでしょう。

この度のコロナ禍で、日本政府は2020年3月2日から春休みに入るまで、日本全国の小中高校に対して一斉休校の要請を出しました。それを受けて日本中の学校が休校したわけですが、教師にとっても初めての経験となり、休校期間中の学校ごとの対応にはかなり差異が生じました。私立の中高一貫校やインターナショナルスクールなどは、早々にリモートスタディの体制を整え、休校中もオンラインで生徒たちに授業を行いました。そう

育児負担	夫に関する理由			その他	
これ以上、育児の心理的、肉体的負担に耐えられないから	夫の家事・育児への協力が得られないから	一番末の子が夫の定年退職までに成人してほしいから	夫が望まないから	子どもがのびのび育つ社会環境ではないから	自分や夫婦の生活を大切にしたいから
15.7	11.8	2.0	7.8	3.9	9.8
22.6	12.1	7.5	9.0	9.0	12.1
24.5	8.5	6.0	9.9	7.4	8.9
14.4	10.0	8.0	7.4	5.1	3.6
17.6	10.0	7.3	8.1	6.0	5.9
17.4	10.9	8.3	7.4	7.2	5.6
21.6	13.8	8.5	8.3	13.6	8.1

夫婦が理想の子ども数を持たない理由

（複数回答：対象は予定子ども数が理想子ども数を下回る初婚同士の夫婦）

妻の年齢	（客体数）	理想の子ども数を持たない理由					
		経済的理由			年齢・身体的理由		
		子育てや教育にお金がかかりすぎるから	自分の仕事（勤めや家業）に差し支えるから	家が狭いから	高年齢で生むのはいやだから	欲しいけれどもできないから	健康上の理由から
30歳未満	（51）	76.5%	17.6	17.6	5.9	5.9	5.9
30〜34歳	（133）	81.1	24.8	18.2	18.8	10.5	15.8
35〜39歳	（282）	64.9	20.2	15.2	35.5	19.1	16.0
40〜49歳	（787）	47.7	11.7	8.2	47.1	28.4	17.4
総数	（1253）	56.3	15.2	11.3	39.8	23.5	16.4
第14回（総数）	（1835）	60.4	16.8	13.2	35.1	19.3	18.6
第13回（総数）	（1825）	65.9	17.5	15.0	38.0	16.3	16.9

出所：国立社会保障・人口問題研究所（2015年）

した学校はコロナ以前からＩＣＴ（情報通信技術）教育に力を入れており、独自に子どもにタブレットやＰＣを配布していたことから、スムーズに遠隔学習に移行できたといわれています。

その一方で、多くの公立小中学校は、休校期間中の宿題のプリント配布といったものが主な対応となりました。オンラインによるリモート学習を推進しようにも、児童たちの各家庭にパソコン保有やインターネット回線有無の違いがあり、また動画で授業を配信できるようなＩＴスキルを持った先生も限られていたからです。たとえＩＴスキルに長《た》けた先生がいたとしても、公教育における教育機会の平等の原則から、自分たちの学校だけがリモート学習を始めることに躊躇した学校も少なくなかったようです。

こうした背景から、小中高校の一斉休校の間の子どもの過ごし方には、家庭によって大きな違いが生まれました。学校が休校になったことで、毎日公園で遊んだり、ゲームばかりしている子どももいれば、その期間に家で塾の宿題をしたり、オンラインで勉強をしたりする子どももいたというように、その差異が義務教育段階の児童でもはっきりと分かれたのです。

親子関係にも変化が生じました。リモートワークで親が家にいる時間が増えた家庭では、子どもの学習をデジタルワークに長けた親自身がサポートできるようにもなり、子ども自身も、リモートワークをする親の姿に間近で接するようになりました。「父親（もちろん母親も）はこんなふうに働いているのか」という体感は、コロナ禍以前では味わえなかったものでしょう。その一方で、リモートワークができずに外に働きに行かざるを得ない共働き家庭では、日中家の中で子どもが独り時間を持て余すようになってしまったのも現実の一側面です。

戦後日本において、大学の進学率は右肩上がりで上昇を続けていました。先述の通り、「自分が受けた教育よりも、子どもには良い教育と学歴を身につけさせたい」という親の願いがあったからです。今の50〜60歳前後の世代の大学進学率がそれまでに比べて大きく上がっているのは、当時の大学の授業料が安かったことも一因です。１９７５年の国公立大学の授業料は年間で３万６０００円でした。翌年からは値上げがずっと続きますが、１９８６年までは約25万円で大学に一年間通うことができたのです。それぐらいの金額であれば、アルバイトを頑張れば学生自身で賄《まかな》うことも可能です。

しかし現在、2020年度の国立大学の学費は文系で53万円以上に値上がりしています。初年度の入学金を合わせれば80万円以上になり、親元を離れて遠くの大学に通う場合は、それに加えて家賃や生活費もかかります。理系の大学院や私立大学に行けばさらに学費は高くなり、とても今の日本の一般的な家庭では、二人も三人も子どもを大学に行かせる余裕はなくなってきているのです。

こうした現状に鑑みるに、子どもに十分な教育を受けさせたい、と考える親ほど子どもをたくさん産まなくなって当然です。「本当は子どもは二人欲しいけれど、一人で我慢しよう」と思う父母に対して、さらに子どもを産んでもらうには、行政面からの経済的なバックアップが不可欠なのです。

デジタル格差、コミュ力格差、英語格差

新型コロナウイルスのパンデミックにともなって、世界中で「新しい経済」をつくりあげていく必要性が議論されています。コンサートやイベント、プロスポーツなど、大勢の

人が集まることを前提としていたビジネスは、感染防止のためにオンラインへの急速な対応を迫られています。特殊なビジネスではない普通の業種でも、ほとんどの会社は出社する人数を大幅に削減し、在宅勤務を認めるようになっています。

首都圏では、朝の通勤電車のラッシュをどう解消するかが長年の課題となっていたわけですが、2020年以降、コロナによって通勤問題は解消とはいえないものの、緩和されてきています。オンライン勤務が当たり前となった会社では、家賃の高い都市中心部に住む必要がなくなったことから、地方へと移住して、必要なときだけ出勤するというスタイルを選ぶ人も増えています。当初はやりにくさを感じていたオンライン会議も、ビジネスの打ち合わせには十分であることが周知されました。わざわざ時間と交通費をかけて大勢が一カ所に集まるよりも、ずっと負担が少なく合理的であることがわかったのです。こうした流れは、コロナが収束したのちも、不可逆的に社会のワークスタイルを変えていくでしょう。

しかしながら、働き方が変われば、働く人にも変化が求められます。新しい雇用や経済に適応するためには、従来型の教育では不十分な点も生まれてきます。

高度経済成長期の第二次産業社会では、決められたことをきちんとこなす能力が被雇用者には求められました。日本の学校教育が、軍隊にそのルーツを持つといわれているような、決められたことを決められた通りに遂行する人材養成に重きをおいたカリキュラムだったのもそのためだといわれています。

たとえばモノづくりを中心とする工業型社会では、コミュニケーションが苦手な人でもコツコツと自分に与えられた仕事をこなせれば、いくらでも働く場を得ることが可能でした。しかし、世の中が工業型社会から情報やサービスを中心とする第三次産業中心の社会へ移り変わるにしたがって、働く人にコミュニケーション能力が求められるようになっていきます。就活に取り組む学生たちの間でも「〈コミュ強〉（コミュニケーションに強い人）が有利である」という認識が広がり、多くの他人と円滑に関係を取り結べる人が、高い評価を得る社会が到来したのです。

コミュニケーションを重視する社会では、仕事の遂行上、従来型の教育では重視されなかったスキルが求められます。具体的には**ＩＴを使いこなす能力であり、英語や中国語などの語学能力**です。その上で自分の考えを魅力的に伝えるプレゼンスキルや、相手の欲求を正確に察知する能力、幅広い分野の教養といったものを備えた人が、多くの企業に必要な人材として求められるようになっていきます。

実際に大学生の「就活」の現場では、「デジタル格差」「コミュ力格差」「英語力格差」が広がっています。学生時代までにそれらの力を身につけた人とそうでない人で、大きな差が生まれているのです。これまでの偏差値教育での学力は、本人の潜在的な知力があれば、たとえ貧乏な家庭に生まれても、努力によって身につけることが可能でした。ペーパーテストによる評価や学歴主義には批判も多く寄せられていましたが、学校の勉強に励めば良い高校、大学に進むことができ、高い収入が得られる職業に就ける道が万人に用意されていたのです。

ところが、現代社会で重視されるITの力や実践的な英語の能力は、学校に通っているだけでは身につけることが難しいスキルです。つまり、従来の学校教育システムは、高度成長期の工業社会に適合した人材を作り出すための教育内容だったのです。

しかし、新しい経済に必要とされる能力は、今の学校教育だけではなかなか身につかないものです。親がパソコンを家庭でも使いこなして仕事をしていたり、常時当たり前のように英語を使っている家庭に育った子どもは、「自分もパソコンや英語を使えて当たり前」という意識を自然に持つでしょう。海外赴任を体験した子もそうでしょう。対して、パソコンや外国語と無縁な親の元に育った子どもは、ある程度成長してからそのスキルをゼロから身につけることが求められるわけです。

生まれた家庭によって、ＩＴスキルや英語力の格差がある――要するに、現在生じている格差は競争の結果ではなく、生まれた家庭で決まってしまう。つまり、身分制の時代に近い状況だということです。

コロナ禍で可視化された親の格差

他人と円滑に意思疎通をするコミュニケーション力を重視する傾向は、あらゆる企業の採用で広がっています。

三十年程前までは、公務員試験ではペーパーテストさえ合格すれば、面接はほぼフリーパスでした。しかし最近は、ペーパーテストの成績の比率が下がり、面接の印象が良くなければ合格できなくなりました。多くの企業も採用で重視する項目に「コミュニケーション力」を挙げており、「真面目にコツコツ努力することが得意、でも人と喋るのが苦手」な学生は、就職活動で自分をアピールできず、何十社受けても一社も内定が出ないことが珍しくないのです。

学生もそのことを自覚していますが、コミュニケーション力には性格も関係するため、一朝一夕にはなかなか変えられません。コミュ力重視の就職活動に無理やり自分を適応させることに疲れ果て、就活をやめてしまい家に引きこもってしまう学生もいます。最近は就活指導を専門とする塾もあちこちにでき、そうした場では面接指導なども行っています。膨大なデータが蓄積されていて、何々省採用向けの面接、銀行採用向けの面接など、採用先に合わせた面接指導もしています。当然のように安くない受講料がかかります。

社会の動向に通じている人の中には、「今後の社会を生きていくためにはコミュニケーション力が必要だ」と早くから気づき、インターナショナルスクールや先進的な教育を行っている学校に子どもを通わせている親も少なくありません。以前、ある公立の科学館に講演に行ったのですが、そこで行われていた子ども向けの科学教室では、小学生になったばかりの児童の取り組みを母親たちが参観していました。きっとその親たちは、自分の子どもがサイエンスに興味を持つことを願って、その教室に申し込んだはずです。科学実験をしている子どもたちを熱心に見ている母親の姿に驚いたものです。ちなみに費用はほとんどかかりません。

子どもの知的な興味や関心は、親自身の教養に対する関心に大きく左右されます。家に大きな本棚があって、そこにたくさんの本がある家庭に育った子どもと、まったく読書をしない親のもとに育った子どもでは、知的好奇心に大きな格差が自然に生まれてしまうのです。ＯＥＣＤ（経済協力開発機構）の調査でも、自宅にある本の冊数と子どもの学習成績の間には相関があるという結果が出ています。

余談ですが、知り合いからこんな話を聞きました。ある大卒の女性が高卒の男性と恋愛結婚して一緒に生活し始めた後で、初めて気づいたことがあったそうです。それは、「観るテレビ番組が違う」ことです。その男性は正社員として頑張って仕事をしている真面目な人ですが、観るテレビはお笑い芸人が出てくるバラエティ番組ばかり。一方女性のほうは、クイズ番組やＮＨＫのニュース番組を見て育ったタイプ。彼女がクイズ番組で、「この答え、わかった」と言ったら、夫に「よく知ってるね」と感動されたそうです。子ども時代にどのような家庭に育ったかで、成長してからも興味や関心の領域が違ってくることをまざまざと感じさせられたエピソードです。

最近の日本では、実践的な英語教育の重要性が叫ばれるようになり、小学校から英語の授業が始まっています。しかし語学を身につけることは水泳のような運動と一緒で、いくら畳の上で泳ぐ真似をしても泳げるようにはならないように、どれだけ本物の外国語に触れているかが最も重要です。学校の授業で一週間に二、三時間学ぶぐらいでは、英語は決して身につきません。やはり、普段の日常生活でどれだけ英語に接しているかが決め手になるのです。

親が仕事で英語を使っていたり、帰国子女で幼い頃に外国で生活していたりする人は、そういう点で圧倒的に有利です。英語を話すことが当たり前の環境で育つと、自分も「当たり前」に適応するために自然に頑張るのです。

昨今わずか二十年程の間に、日本では経済のグローバル化が急速に進みましたが、早くからその潮流を見抜いていた家庭の子どもとそうでない子どもとの間では、英語力に圧倒的な差があるのは当然です。「英語は話せて当たり前」という家では、幼い頃からバイリンガル教育に力を入れますが、親自身が英語の「え」も話せない家では、そもそも「英語が大切になる」という発想すら浮かびません。英語力もまた、学校の学習では到底追いつかないぐらいの「格差」が拡大しつつあるのです。

次章で詳しく述べますが、オンラインで仕事ができる人々は、ＩＴ企業をはじめとするオフィスで働くホワイトワーカーが中心です。実際には、どんなに工夫してもテレワークできない業種のほうが、日本では圧倒的に多いのが現実です。パンデミック下においても、一部の家庭だけが充実した教育を子どもに受けさせることができたのに対し、そうでないほとんどの家庭は、子どもの教育機会を減らす結果になってしまったことは否めません。**新型コロナウイルスは、親の格差が子どもの教育格差につながる実態をも浮き彫りにした**といえるでしょう。

このように、コロナ禍が顕在化させた親の状況による教育格差を、公的に埋める手だてを考える時期に来ています。

小学四年生で人生が決まる？

もともと日本では、コロナ以前から「教育格差」が静かに進行していました。この十五年ぐらいの間に、東京や神奈川、大阪などの都市部の家庭では、中学受験をして私立中学を目指す人が増えています。一定以上の収入がある家庭では、子どものほとんどが地元の公立に進学せず、私立に進むという地域もあります。中高一貫の私立に進学した場合、六年間の学費は400万円以上かかるのが普通ですが、それでも私立を選ぶ家庭が増えています。

数年前に、東京の下町にある中学校に教育実習生の指導に行ったことがあります。驚くことにそのクラスでは、女子中学生の人数が男子のほぼ半分でした。先生方に訊くと、その地域に住む女子の家庭の多くが、娘を近隣の私立中学に進学させることが理由でした。なぜなら校則を守らない生徒が多く、「娘をこの中学に入れたらまずい」と考えての親の判断が生まれるのでしょう。私もその中学の授業を見学しましたが、先生が何人も教室にいる中で、男子生徒が消しゴムの飛ばし合いをして遊んでいました。私語もひっきりなしに聞こえてくるのに、教師は誰も怒らないのです。「これでは、インテリの親は確かに娘を入学させたくないだろう……」と感じたものでした。

近年、日本の最難関大学である東京大学や京都大学に入学する学生の多くは、中高一貫校の卒業生だといわれます。いわば、「学歴」を決めるのが大学受験ではなく、中学受験だというわけです。小学生のときから受験のために塾通いをし、中高一貫校への入学を果たして偏差値の高い大学を出た彼らは、大手の優良企業や給与の高い外資系企業などに就職し、社会の「上層」の一員となっていくのです。

つまり、小学四年生ぐらいの時点で、毎月5万円以上の受講料がかかる中学受験専門塾に通えるかどうかで、その後の人生ルートがある程度決まってしまう。これが、今の子どもを取り巻く現実になりつつあります。**親の所得が子ども世代に影響し、格差が再生産されている状況**です。この日本の「教育格差」の広がりによって、十〜二十年後に社会階層の固定化がもたらされることが予想されます。極端にいえば、日本は自ら階級社会への道に戻ろうとしているのです。

この状況は、芸能界やスポーツ界にも当てはまります。ひと昔前は、恵まれない家庭環境の中から、アイドルやスポーツ選手が生まれてくることも多かった。しかし今は、子どもの頃からトレーニングすることが、活躍のためには必須の条件になりつつあります。

日本では特に、女性が結婚相手に対し、自分よりも高い学歴を求める傾向が強くあります。自分が大卒であれば、大卒以上の男性と結婚することが最低限の条件である、という女性は少なくありません。大卒同士の夫婦は、自分たちの子どもに関しても「必ず大学は出てほしい」と願います。それに対して高卒同士の夫婦は、大学というものに対して具体的なメリットを実体験で感じていません。大学にかかる四年間の学費を払うよりも、高校を出てすぐに働き始めたほうが親元から早く独立できますから、むしろ大学進学を望まないケースもよくあります。

女子大学生にインタビューすると、ここ数年、彼女たちの多くは結婚相手の年収よりも、「職業安定性」を求めていることに気づかされます。かつては「年収1000万円以上でなければ結婚しない」などと言う女性がいたものですが、それも今は昔です。日本が長期不況に陥りデフレ経済下で二十年以上が経過し、結婚適齢期の20代後半から30代前半でそのような高年収を得ている男性の数は激減しました。

ある結婚相談所の調べによれば、未婚の女性が結婚相手に望む年収は現在も、500万〜599万円、600万〜699万円が半数を占めます。しかし現実を見ると、令和元年における日本人男性の平均給与は、全世代を含めて540万円しかありません。国税庁の

大学初任給の推移

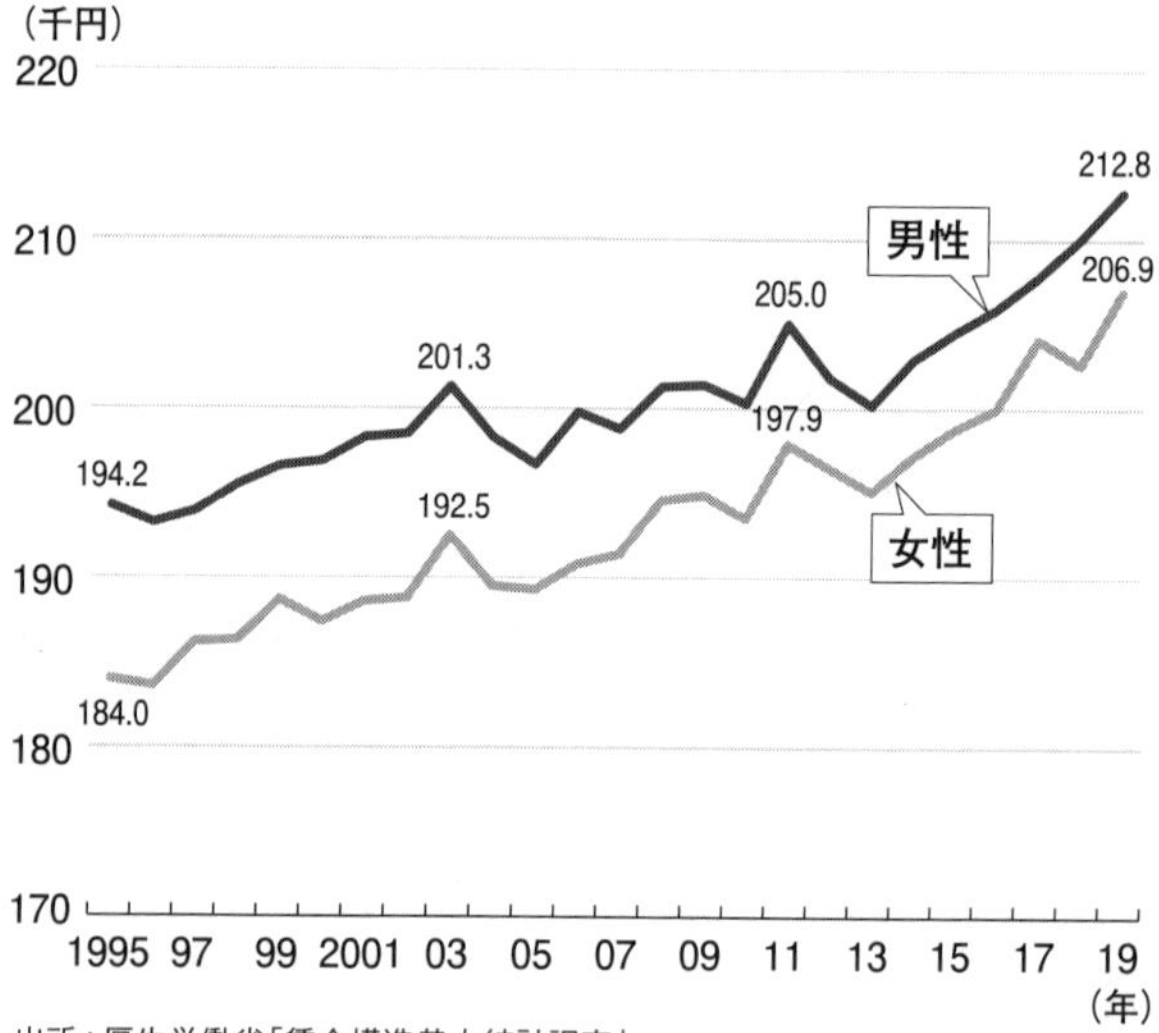

出所：厚生労働省「賃金構造基本統計調査」

民間給与実態統計調査を見ると、20代から30代前半に限った場合、400万〜500万円が普通なのです。首都の東京とそれ以外の地域では給与に差がありますが、東京ですら年収600万円以上の若い独身男性は3・5%しかいないのです。

そのため結婚相談所を運営する会社やお見合い事業を運営する自治体の部署では、高年収の相手を望む女性に対して、カウンセリングで説得することがあるそうです。「年収600万円以上の男性」を希望する女性がいたら、「では、もしも年収590万円で、それ以外の条件はぴったりという男性が現れたらどうしますか?」というような質問をして、相手に望む年収のランクを下げさせるというのです。ランクを下げないと、紹介できる男性がいないからです。

一方で現実的な考えを持つ未婚女性の多くは、年収の多さよりも結婚相手の候補となる男性の職業安定性に敏感になっています。欧米型の市場経済が日本企業にも浸透し、雇用規制の緩和によって正社員以外の労働者が増えたことから、公務員や銀行員のような安定した職業に就いている男性が結婚相手として人気が高いのです。若い女性の多くが、自分が親から与えられたような生活を結婚後も維持し、戦後型家族の典型であった「父親が働きに出て、母親は主に家事をして家を守り、二人から三人の子どもを育てる」という家族形態を望んでいます。不安定な職業の男性と結婚してしまっては、リストラなどにあったときに生活できなくなるリスクがある。そのリスクを回避するために、安定した職業の男性を求めるのです。

昨今では、「出会い」のスタンダードとなりつつあるインターネットを利用したマッチングサービスにおいても、安定した職業の男性が有利な「買い手市場」になっています。結婚を前提としない出会いを目的としたマッチングアプリでは、男性が女性にコンタクトをとるのにお金を払うサービスが一般的です。それに対して婚活目的の「優良な男性会員多数」を謳うサービスの多くは、男性会員は年収や大企業の正社員であるなどの条件を満たせば会費がかからず、逆に女性側がお金を払う仕組みになっているところもあります。

教育格差による大学淘汰

第1章で、コロナの影響で2020年の結婚数、出生数がともに大幅に減っていると述べました。2020年5~7月の妊娠届け出数は、前年の同時期に比べて11%も低下しています。2019年、日本では86万5234人の赤ちゃんが生まれました。2020年も、速報値は87万2683人ですが、確定値は過去最少だった2019年からさらに減少し、84万人程度となりそうです。そして、2021年の出生数は80万人を割り込むことはほぼ確実で、このさらに強まった少子化傾向は、コロナが収束して多少戻ったとしても、来年以降も続いていく可能性が高いといえます。先述の通り、そもそも20〜40歳の女性人口がこれからもどんどん減少していくからです。

コロナによって出生数が減少すると、どうなるか。十数年後に間違いなく到来するのが全国の大学の淘汰です。戦後の1947〜49年にかけての第一次ベビーブームの時期に生まれた団塊の世代は、一学年が260万人を超えていました。団塊ジュニアの時期（1970〜75年）でも、一学年約200万人近く。それが80万人になるということは、団塊世代の3分の1の規模になることを意味します。

この影響は、四年後の幼稚園入園時から問題になり、徐々に上の学校に波及します。少ないといわれた1957年生まれの私の世代は約150万人、2000年前後に生まれた現在大学生の世代も120万人弱です。団塊ジュニアの時代から約三十年で、80万人減った計算になります。それに対して大学の数は、1990年以降の規制緩和によって増加し続けてきました。1989年には499校だったのが、約三十年後の2018年には782校と、1・5倍以上にもなっているのです。大学の増加によって志願者より大学の総定員数のほうが多くなり、「希望者は全員が大学に入れる大学全入時代になった」といわれるようになったのが2009年頃のことでした。

全国の大学の定員数を合計すると、約70万人になります。コロナによってさらに出生率が低下した十八年後の高校三年生の数は80万人弱なので、大学の定員とたった10万人ぐらいしか差がないことになります。高卒後専門学校に行く約19万人（2019年）を考慮すれば、定員をかなり割り込んでしまいます。

十八年後も大学進学を希望する高校生の割合を現在と同じ約6割とすれば、70万人の定員数に対して42万人しか受験しない未来が到来するわけです。しかも、本章で述べてきた教育格差の影響を加味すれば、四半世紀後の大学志望者の割合が現在と変わらないとは決して言いきれません。はたして何割の高校生が大学進学を希望していることでしょう。

そうなったとき、現時点でも定員に満たない大学は、閉学に追い込まれることになるでしょう。東大京大、早慶や国公立のような人気大学も、今よりもかなり入りやすくなっているはずです。受験生にとっては嬉しい反面、自分が通った大学が消滅してしまう人も数多く生まれます。専門学校はもっと厳しいかもしれません。要するに**コロナ禍が加速させている少子化は、この国の教育にも、将来にわたり決定的な影響を与えることが確実**なのです。

そんな未来を見据えながら、本章の最後に「教育」に関する先人の言葉を紹介したいと思います。

「学校で学んだことを一切忘れてしまったときに、なお残っているもの、それこそ教育だ」

教育とは、場所を選ばず、本人の知的好奇心次第である。皮肉な響きと同時に最も誠実なこの主張は、20世紀に相対性理論を構築した理論物理学者、アルベルト・アインシュタイン（1879~1955）の言葉です。教育の本質を述べたこの教えは、時を経ても淘汰されることはないでしょう。教育とは何か。生涯にわたる学びとはどのようなものか。格差が広がる時代こそ、一人ひとりの賢明な選択がこれまで以上に求められていくのは間違いありません。

第3章　仕事格差〜中流転落の加速化

三つの格差が浮き彫りに

コロナ禍は、平成時代に進行していた仕事格差を拡大させることにも加担しました。

それは、三つあります。

一つは、新しいデジタル経済で働く人と、旧来のものづくりや対人サービス業で働く人の格差です。前者は、リモート化が容易なので、コロナ禍によってもマイナスの影響を受けない人々です。アメリカでは、「リモート階級」と呼ばれる階級が生まれたともいわれています。通勤が減った分、仕事が楽になり、収入も減らない層です。後者は、生産性を上げることが容易ではなく、かつ、コロナ禍による需要の急減のせいで収入の減少に苦しめられています。

二つ目は、資産を持つ者と持たない者の格差拡大、これはフランスの経済学者トマ・ピケティが述べたところのものです。物価が上がらない中、金融資産を持つ者と持たない者の格差が開いていく、というのがピケティの論点です。このコロナ禍によって、株価の上昇などによる資産価値増大のかたわら、労働だけで生計を立てている家計は非常に苦しい局面に晒《さら》されているのです。さらに、リモートワークの普及は、住宅環境による仕事の格差をも如実にもたらしました。

三つ目は、コロナ禍から打撃を直に被る観光業界や飲食業界ですが、これらの産業は、大量の「非正規雇用者」の従事によって成り立ってきました。また、「コロナに強い」製造業や金融業と異なり、体力的に弱い中小企業が多いのも特徴です。経営者も苦しいでしょうが、このような業界では、非正規雇用者の仕事減、解雇や雇い止めが増加しています。2008年のリーマン・ショックでは、主に製造業で働く男性の派遣切りが問題になりました。今もっとも深刻なのは、飲食業や観光業で働いている、または働いていた人々です。国の調査でも、今回は男性よりも女性の失業が多いことが判明しています。好況時には目立たなかった正規雇用と非正規雇用の格差が、コロナ禍によって再び注目されるようになったのです。

これら**三つの格差は平成時代に進行していたものですが、コロナ禍によって拡大、そして顕在化した**のが現状です。それに向けて「どのように対処するか」が、我々に問われている課題です。

エッセンシャルワーカーとリモートワーカー

コロナ禍によって誰もが知るようになった言葉に、「エッセンシャルワーカー」があります。日常生活において「必要不可欠な仕事（エッセンシャルサービス）」に携わる働き手を意味します。具体的には、医療や介護福祉、スーパーマーケットや薬局などの販売員、運輸業や公共交通機関で働く人、ゴミ収集員や郵便配達員、そして役所職員などを指します。これらの職種は、「特定の時間に特定の場所でしか行えない仕事」であり、コロナウイルスの感染リスクと隣り合わせで従事されています。

一方、「リモートワーカー」という言葉も皆の知るところとなりました。これは、特定の場所に行かなければできない仕事ではなく、出社しなくても自宅で仕事に携われる人々を指します。コロナ禍によって生まれたこの区分は、コロナ後も日常生活に定着するでしょう。それによって広がることが懸念されるのが、「仕事格差」です。

コロナ禍によって「中流転落」という現象が日本で加速しているのは前述の通りです。人々の生活が中流から「下流」へと落ちていく原因は、収入低下や仕事の喪失ですが、**仕**

事格差が広がれば、その帰結として収入格差、そして「生活格差」も広がり、やがて中流生活が維持できなくなる人が増える恐れがあるのです。本章では、新型コロナが浮き彫りにした日本の「仕事格差」について、詳しく見ていきたいと思います。

コロナ禍によって一気に世の中に浸透したのがいわゆる「リモートワーク」「テレワーク」というワークスタイルです。在宅しながら仕事に取り組み、会議や打ち合わせはパソコンやタブレットの画面を通じて行うこの働き方は、それまで首都圏で働く多くのビジネスパーソンの可処分時間を奪っていた通勤時間をなくしたことから、多くのホワイトカラー層に歓迎されました。

２０２１年１月には、広告会社として日本一の規模を誇る電通が、東京の汐留にある本社ビルを売り出すことを検討していると報道されましたが、その背景には、コロナ禍による広告収入減と、コストのかかる本社ビルを都心の一等地に持ち続けることのデメリットがありました。社員の多くがリモートワークになったことで、電通と同様、多くの企業が地価の高い東京都心のオフィスの縮小を検討しています。

テレワーク実施率の推移

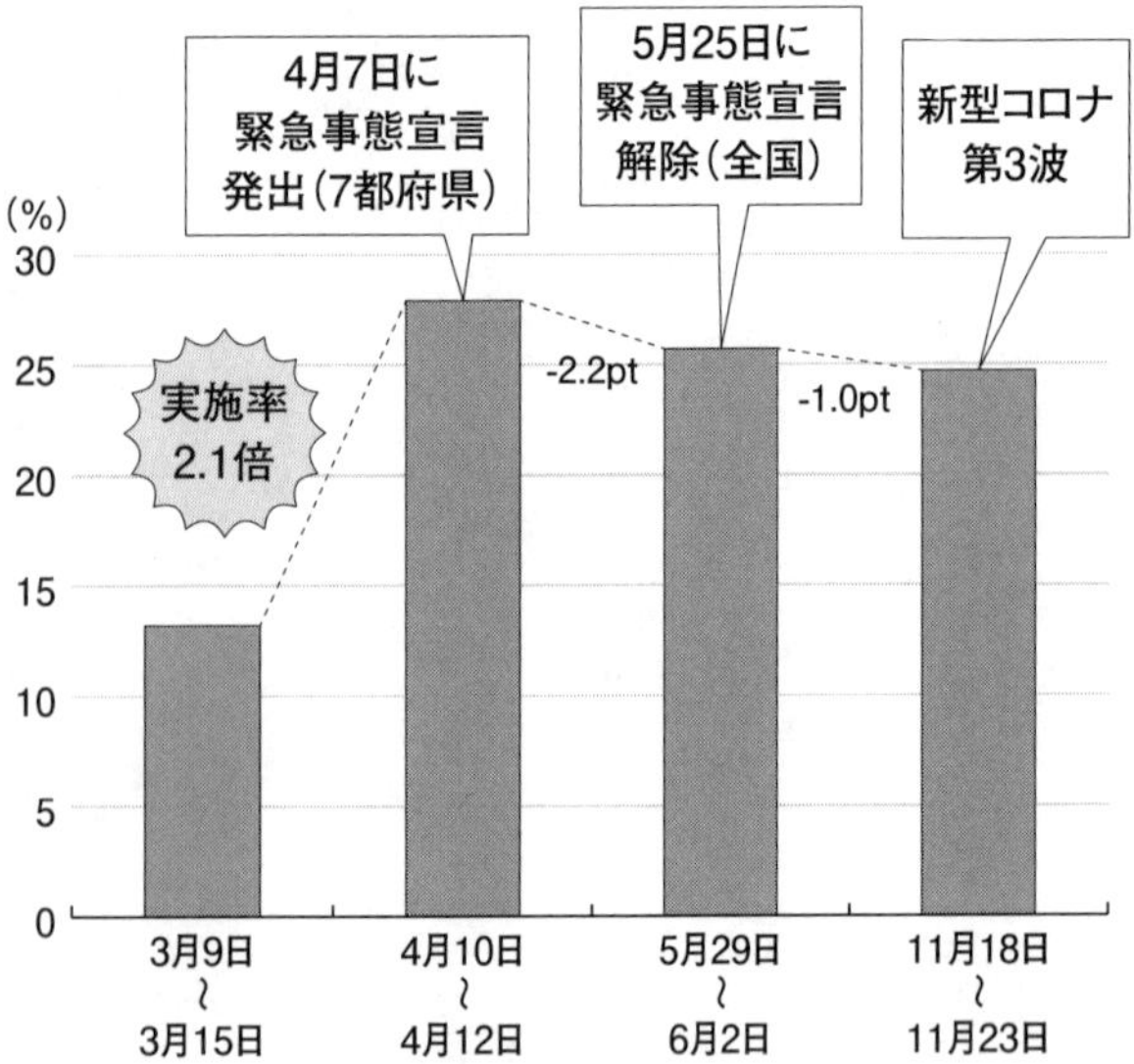

出所：パーソル総合研究所「第四回・新型コロナウイルス対策によるテレワークへの影響に関する緊急調査」

実際のところ社員にとっても、満員電車で毎日一時間以上かけて通勤する必要がなくなり、自宅にいながらにして仕事ができるようになったことは、大きなメリットとなりました。コロナ禍をきっかけに、それまで東京都内や近郊に住んでいた人が地方に移り住み、月に数回だけ新幹線などで本社に出勤するというワークスタイルも広がっているといいます。「リモートワークでも十分に会議や打ち合わせができることがわかった」という声があちこちで聞かれ、コロナ禍を奇貨として世界に広がったこの新しい働き方は、パンデミック収束後も定着するだろうと思われます。

一部の学生からも、コロナが終わっても、授業はリモートでしてもらいたいという要望もあります。

近年、「日本人の働き過ぎ」による過労死や職場のメンタルヘルスが問題視されていたことも、2020年にリモートワーク導入が迅速に進んだ大きな理由の一つです。政府が各企業にワークライフバランスの適正化を求めていた「働き方改革」が、コロナ禍のリモートワーク化によって一気に推し進められたのです。

エッセンシャルワーカーの窮状

しかし一方で、リモートワークの普及は働く人々にそれまで存在しなかった「新しい格差」を生み出すことになりました。それは、**「リモートワークが可能な仕事」と「不可能な仕事」の格差**です。

お客さんの来店が前提となる飲食業、アミューズメント施設やテーマパーク、観光などのサービス業で働く人は、そもそもリモートワークではサービスを提供することができません。また高度な専門知識や国家資格が必要となる職業でも、リモートワークができない業種はたくさんあります。いうまでもなく医療業務もその一つです。

人間を相手とする医者や看護師、看護助手、介護施設などで働く人々は、リモートワークで仕事を行うことは当然できません。医師や歯科医師、獣医師といった専門の医療職に就くためには、大学の医学部、獣医学部、歯学部で専門の知識を学び、国家試験にパスする必要があります。それでも多くの人々がそれらの職業を目指すのは、高い収入と社会的な地位、安定した収入が長年にわたって見込めるからですが、コロナ禍はそうした専門職の安定性をも揺るがしてしまったのです。

それだけではありません。2020〜21年1月にかけてのコロナ感染者の右上がりの増加は、「現場の医療崩壊が起こるのではないか」という懸念を引き起こしました。その一方で、病院での感染を恐れる人が通院を忌避するようになったことから、多くの病院で閑古鳥《かんこどり》が鳴いているという状況も同時に起きました。具合が多少悪くても病院に行かないのは、「コロナ感染のリスクがある」と判断するためです。そればかりでなく、定期的な通院を習慣にしていた高齢者たちも、以前に比べて病院に行かなくなりました。そのため、「不要不急」の患者を診療することで利益を出していた多くの病院が、収入減の脅威に晒されたのです。

日本病院会、全日本病院協会、日本医療法人協会の三団体が2020年6月5日に公表した「新型コロナウイルス感染拡大による病院経営状況緊急調査」の追加報告では、新型コロナの影響で、全国の3分の2の病院が赤字になったことが明らかになりました。とくに東京都では、コロナ患者を受け入れている病院の約9割が赤字に転落しており、2020年4月時点ですでに、医療利益率が3割近くも低下していたとのことです。パンデミックが長期化すれば、中小規模の病院から閉院し始めていくということも予想される事態です。

リモートワーカーの躍進

金融や証券業、コンサルティング業、コンテンツ制作など、文書の作成や情報処理を主な業務とする人には、リモートワークは大きなメリットをもたらしました。対して、人に触れたり直接顔を合わせたりするのが前提の介護サービスや接客業、建設業や土建業、工業などの「ものづくり」の仕事、トラック運送業などにはそもそも導入が不可能です。

こうしたリモートワークができる仕事とできない仕事には、「生産性向上の可能性」についても大きな差があります。

介護やものづくり、運輸といった分野の仕事は、劇的に生産性を向上させるのが基本的に難しいビジネスです。一人の介護士が担当できる高齢者の人数や、一つの工場の生産ラインで作り出せる製品の数、一台のトラックが運べる荷物の量というのは、技術革新があったとしても、いきなり2倍、3倍に増えたりはしません。

ところが、リモートワークでやりとりできる「情報世界」のビジネスは違います。わかりやすい例が、家庭用のテレビゲームです。昔のテレビゲームは、ROMカセットやCDといった具体的な「モノ」にプログラムデータが格納され販売されていましたが、最近では、データのオンライン購入が一般的になりました。ゆえにゲームメーカーは、ゲームのプログラムさえ制作してしまえば業務はほぼ完了。そのデータを複製してオンライン配信するだけで、コストをほとんどかけずに大多数の買い手に商品を届けることができます。いわば、いくらでも販売できるのです。つまり**「付加価値が高く」「複製コストが極端に低い」情報産業は、リモートワークが中心の時代に飛躍的に生産性を高めることができる**のです。

実際にパンデミック下においても、GoogleやAmazon、Facebook、AppleといったITのジャイアント企業は、さらに大きく収益を伸ばしました。オンラインで映画やドラマを視聴できるNetflixというサービスも、コロナ禍によって世界中の人が「ステイホーム」している間の娯楽として受け入れられたことから、契約者を劇的に増やしています。そうした会社では、従業員に対して過去最高のボーナスを支給しているところも少なくないのです。自宅でできる趣味や娯楽を提供している会社の売り上げは軒並み伸びており、フランスでは高級オーディオがステイホーム期間中にたいへんよく売れたそうです。

また、パンデミックによって直接的に売り上げを伸ばしているのが、「ZOOM」などのテレビ会議システムやリモートワークに役立つサービスを提供しているIT企業群です。都内の大学や高校などでも、教師や職員の連絡がオンライン一手となり、テレビ電話会議システムへの新規加入が一気に増えました。個人情報をたくさん扱う国の機関や企業では、セキュリティの問題から独自のオンライン会議システムを導入することも多く、そのようなシステムを構築できるITベンダーはコロナをものともせずに業績を伸ばしています。

持つ者と持たざる者の分断

新型コロナのパンデミックが始まってしばらく経った2020年6月、米国のニュースチャンネルCNNが、興味深いニュースを報道しました。それは、同国シンクタンクの政策研究所が、「過去のおよそ3カ月間で、米国の富裕層の資産が5650億ドル、日本円にして62兆円も増えていたことがわかった」というものでした。アメリカでも急速な新型コロナの広がりにより、多くの人々が経済的な打撃を受ける中で、一握りの富裕層の人々は逆に資産を大幅に増やしていたのです。

パンデミック以来、富裕層全体の資産総額は19％も伸びて3兆5000億ドルに達する一方で、同国の生産年齢の国民6人に1人よりも多い、4300万人もの労働者がパンデミックによって職を失い、失業手当を申請することになりました。人々が家に「巣ごもり」をする中で、自宅にいながらEC（電子商取引）サイトで買い物ができるネット通販の最大手、アマゾン・ドット・コムのCEOジェフ・ベゾス氏の資産は、3月から6月にかけて362億ドルも増えて約18・5兆円に迫り、過去最高を記録したといいます。

ネットワークを通じて情報を処理するクラウドサービス事業の好調は、2021年初頭にも注目されました。米マイクロソフト（MS）が1月に発表した20年10〜12月期決算は、純利益が前年同期と比べて33％増の154億6300万ドル（約1兆6千億円）と、「四半期ベースで過去最高を更新」しました。売上高は、17％増の430億7600万ドルに達するといい、新型ゲーム機の投入が売り上げを押し上げたといわれています。このようにパンデミックは、もともと「資産を持っている者」にとっては富を増やすまたとない機会となる一方で、「持たざる者」との格差を増大させる結果となったのです。

富裕層の資産が増えたもう一つの理由は、感染症のパンデミックで実体経済は落ち込んだにもかかわらず、株式市場の目覚ましい回復があったからです。米国では連邦準備制度理事会（ＦＲＢ）が大規模な金融緩和をしたことによって市場に出回るマネーが増大し、その多くが株式へと流れました。それにより、ナスダックの平均株価が史上最高値となり、株式に投資をしている人は大儲けをすることができたのです。

日本でも、２０２１年２月の時点で、日経平均株価が３万円台を回復し、三十年前のバブル経済まっただ中の株価を超える状況が生まれています。私は経済の専門家でありませんが、消費活動に回らなかったお金が、株価市場に流れ込んだとみてよいかと思います。

金融資本主義が世界中に行き渡ったことで、実体経済と金融経済との乖離《かいり》が大きくなっていることはしばらく前から問題視されていましたが、パンデミックはさらにその差を押し広げることになりました。経済学では「トリクルダウン」といわれますが、富裕層の

日経平均株価の推移と主な出来事 株価比較は終値ベース

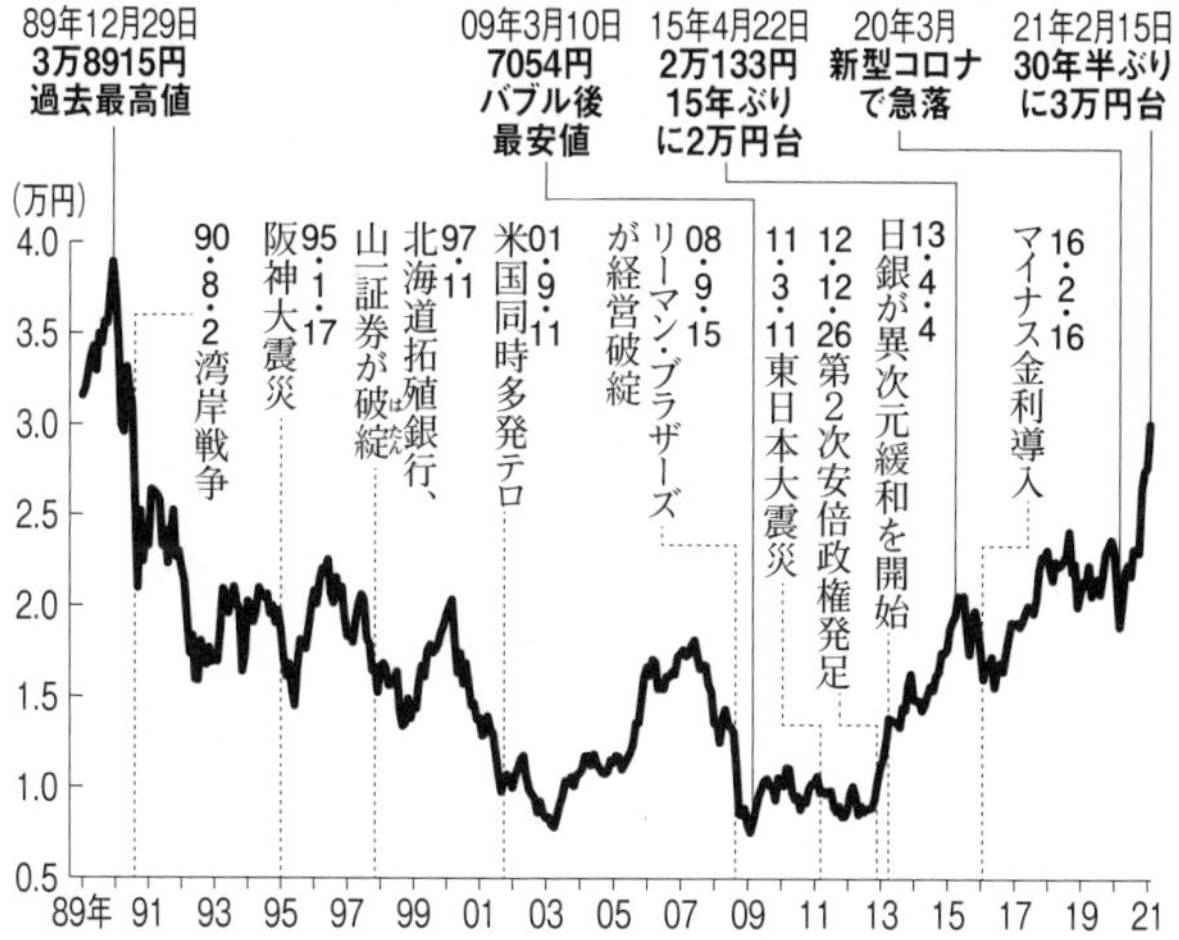

(朝日新聞朝刊2021年2月16日付)

人々が経営する会社で働く人々も、その恩恵のおこぼれに与《あずか》り、給与やボーナスで資産を増やしています。

こうしたリモートワークの普及によって、経済的に豊かになる人と転落していく人の差は、「どの業界で働いているか」によってはっきり分かれます。プログラミングなどのITスキルを持つ人は働く場所に関係なく資産を増やしていけますが、これまで自分の身体を使って働いていた人がそういう業界に転職しようと思っても、必要とされる高度な知識やスキルを身につけるのは非常に困難です。**コロナ禍は、アメリカで「リモートワーク階級（＝テレワーク階級）」と呼ばれる新たな序列差を日本社会にも生み出しつつある**といっても過言ではないでしょう。

新型コロナは、こうして「持つ者」と「持たざる者」の分断を深めています。米国では2020年秋に大統領選挙が行われ、現職大統領だった共和党のドナルド・トランプ氏が民主党のジョー・バイデン候補に敗れました。同選挙では両陣営の支持者が激しく対立し、選挙後の21年1月にはトランプ氏の熱狂的な支持者が米国議会議事堂に大挙して乱入、暴動によって死者が出るほどまでに混乱したことは世界中に大きなショックを与えました。

新型コロナウイルスに対しても両党支持者の対応姿勢ははっきりと分かれ、「コロナは風邪の一種に過ぎない」と主張するトランプ支持者の中にはマスクをつけることを拒否する人も少なくなく、アメリカ国内にウイルスが蔓延する理由の一つにもされました。トランプ大統領が所属していた共和党の支持者には、中小企業の経営者や弁護士、会計士などの独立した自営業者が多いと昔からいわれています。そうした人々の中には感染の広がりを抑制するよりも、経済を回すことを優先すべきだと主張する人が少なくありません。日本でもITの世界で成功したベンチャーの経営者や、経営コンサルタントなどの仕事に就く著名人の何人かは「コロナで死ぬのは高齢者だけなのだから、若者は今までの生活を変えずに経済をどんどん回すべきだ」とTwitterなどで主張しています。その背景には、彼らの経済活動や日常生活が、パンデミックの影響をたいして受けていないことが如実にあるのでしょう。

その一方で、「エッセンシャルワーカー」と呼ばれる医療従事者や介護、小売や飲食、輸送や交通などの人々の生活維持に欠かせない職種の人々は、感染拡大の影響をもろに被り、多数の感染者、死亡者を出しながらも働き続けることを余儀なくされたのは前述の通りです。今回の米国大統領選挙で、民主党のバイデン氏の支持にまわった人々にはそうした職業に就いている人が少なくなく、都市部に住んでいる黒人層の多くが含まれているといわれます。新型コロナは直接的に経済面での分断を広げていますが、それと同時に人々の「価値観」や「生き方」にまで分断をもたらしているのです。

リモートワークのリアルな弊害

日本に話を戻しましょう。

リモートワークの導入が容易な業種で働いていても、次章で述べるように狭い家に住んでいた場合、快適に仕事をすることはできません。図らずも、住居の格差が仕事や家族関係にも影響を及ぼす結果になっています。

ある調査では、リモートワークの導入で最も恩恵を受けたのはひとり暮らしの人だったそうです。子どもを持つ人は、特に昨年の緊急事態宣言で学校が休校のときに、相当ストレスを感じたそうです。また、就活中の大学生の子どもがいる共稼ぎ夫婦の中には、コロナ禍においてオンライン就職面接を受ける息子と、夫と妻双方のオンライン会議の時間がぶつかってしまうことがあったとも聞きます。「狭い家で三人がそれぞれオンラインで会話していると、うるさくて仕方がありません。だから、カフェや漫画喫茶に出かけて会社の業務をしています」と語る人もいました。

このように、家族構成が同じでも家の広さで新たな格差が生まれ、しかもそれは簡単に解決することができません。サラリーマンの居住環境が業務成果や家族のストレスにこれほど影響を及ぼすなんて、２０２０年になるまで誰も予想できなかったのではないでしょうか。東京では、四人家族が２ＬＤＫで60㎡ほどのマンションで暮らしている例は珍しくありません。いわば、中流家庭として遜色なかった家族形態が、リモートワークやオンライン授業に変わったことで「不都合」や「不足」が表れてきているのです。つまり、リモート普及前は、授業を受けたり仕事に行ったりしている間は「平等」な環境下にいられたわけです。リモートによって、各々の生活の格差が、授業中や仕事中にも顕在化したのです。

歩くスペースが限られ、しかも変化の少ない家庭内にずっと居続けることは、職場とは別の種類のストレスを生み出します。外部刺激はおしなべて少なくなり、運動量は明らかに減ります。これは正規雇用者のリモートワークに限らず、パートやアルバイトで働く者にとってもまったく違いはありません。たとえば、週に数回パートに出ていた主婦層にとっても、その時間は報酬のためばかりでなく家事や育児で自然に溜まってしまうストレス発散の機会になっていることが珍しくありません。スナックやキャバクラは世の多くの夫や男性にとっての息抜きの場、流行りの言葉でいえば「サードプレイス」であったと先述しましたが、職場の同僚やアルバイト仲間と話すことがストレス解消になっていた人にとっては、コロナ禍で職場に行けないこと自体が精神的なダメージにつながりやすいのです。

リモートワークといえば、スナックやキャバクラなどの接客商売の中には「オンライン飲み」を売りにして、自宅でお酒を飲みながら画面で女性と話せるサービスを始めるところがありました。そうしたサービスもいっときは話題になりましたが、非常事態宣言が解除されるとまったく聞かなくなりました。夜の街に繰り出す男性客にとって、そうした店は単にお酒を飲んで女性と話すだけではなく、非日常の空気を味わうことが目的だったはずです。家族の目がある自宅で、わざわざお金を払ってクラブの女性とオンライン飲みをしたいと思う男性は、そんなにいないだろうと思われます。

独身、既婚別、キャバクラや性風俗店などに行く人の割合

「よく行く」、「どちらかというと行く」という人の計

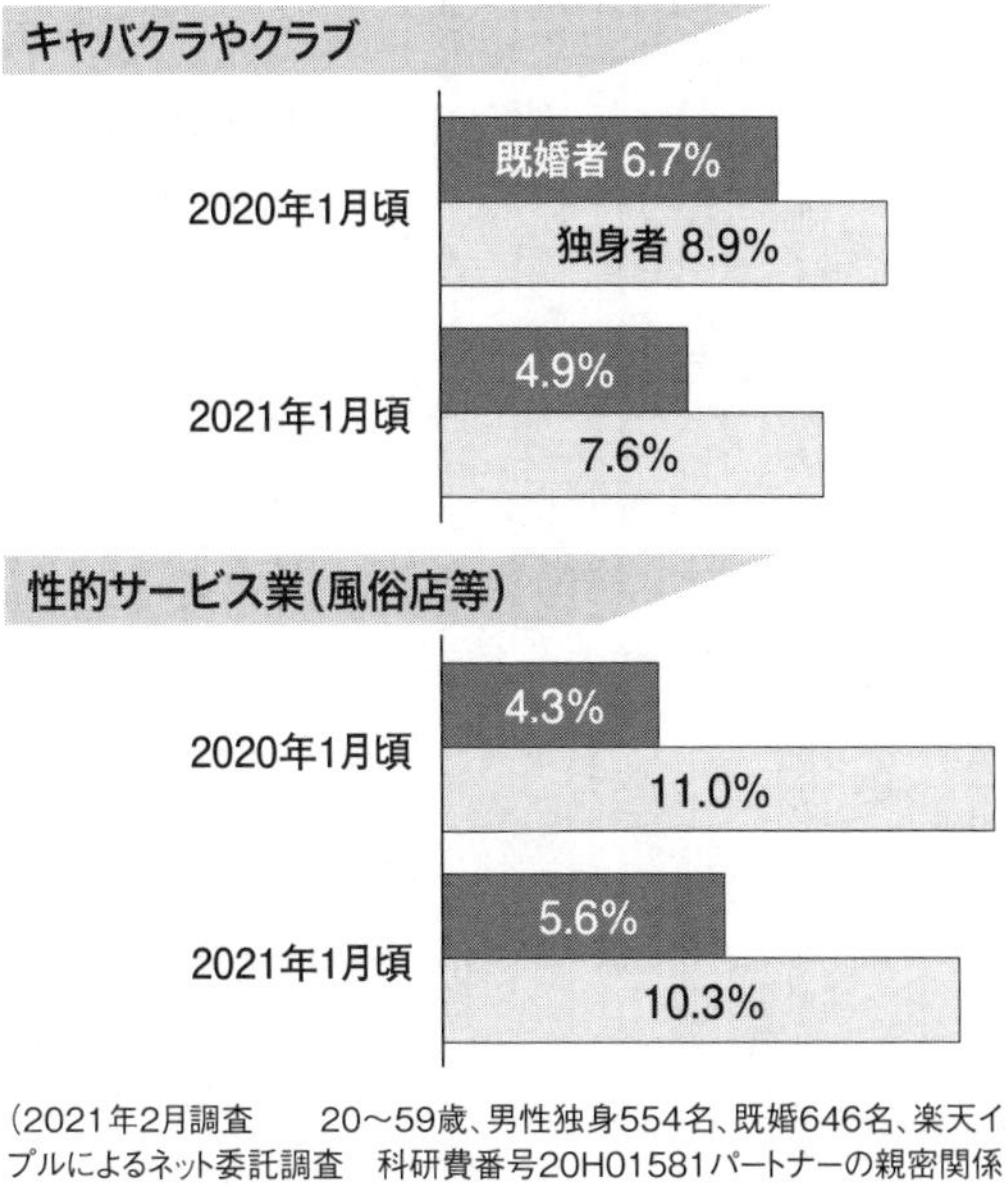

（2021年2月調査　20〜59歳、男性独身554名、既婚646名、楽天インサイトサンプルによるネット委託調査　科研費番号20H01581パートナーの親密関係の変容に関する実証研究）

実際、キャバクラなどには客が戻ってきているようです。私が今行っているパイロット調査では、2020年の1月と比べ、キャバクラやクラブに行く人の割合は多少減少が見られましたが、ほとんど変化はありませんでした。外でストレスを発散する誘惑には勝てないということが、この数字からは読みとれます。

リモートワークの普及で生じた働く人にとってのデメリットは他にもあります。新たに生まれた弊害の一つに、仕事の評価が「目に見える成果」に偏《かたよ》ったことが挙げられるでしょう。オンラインでは、部下が働く姿を上司はリアルに目にすることができません。そのため、数や成果物で表れる仕事の実績のみで個々人を評価する傾向が格段に強まりました。その結果、コロナ以前には評価されていた、職場で人間関係の調整役を務めていたような社員や、雰囲気を良くすることでみんなの仕事の効率を上げていたような「目に見えない貢献」をしていた社員が、まったく評価されない状況に陥っています。

就労時間に関する問題も生まれました。自宅で仕事を行うリモートワークは、労働時間のオンとオフが曖昧になりやすく、かえって長時間労働になってしまうというものです。

無理もありません。これまでの一般的なスタイルは、会社で「勤務」することが就労の基本でした。一時間ほどの通勤時間をかけて職場に着くことで仕事のスイッチが入り、就労が終わって職場を離れてからは自由、という時間感覚が身体に染みついています。リモートワークによって自宅が職場になったことで、際限なく仕事をしてしまったり、あるいは逆にまったく仕事のやる気を失って、昼間からこっそり酒を飲んだりというような、〝リモートノーワーク〟の人も増えているようです。

雇用主側にとっての危惧は、このようにリモートワークを導入したせいで、社員の生産性が落ちてしまうことです。そのためこの新しい働き方の広がりとともに、新たな「管理」の方法も模索されだしています。

その一つが、社員の「遠隔監視」です。たとえば「リモートワーク中の社員の勤務状況を一目で把握できます」というITサービスが生まれ、「リモートワーク導入による会社の業績低下を感じている経営者向けのサービス」だと謳っています。パソコンのカメラを通じて社員の顔をAIが認識し、PCの前に座っていた時間を自動的に記録するという仕組みで、映像はサーバーに記録され、画面も同時に録画されることで情報漏洩を防ぐというものです。ランダムなタイミングでPC画面が撮影されて上司のもとに送られることから、勤務中に無関係なネットサービスを閲覧することなどを防止でき、自宅にいる従業員の「見える化」ができる、というのが売りでした。

リモートワーク中の従業員を遠隔監視できるITサービスは他にもいくつかあり、大手企業を中心に導入する会社も増えているようです。確かに給料を払っている経営者からすれば、自宅で働く社員にも緊張感を持ってもらい、仕事に集中してもらいたいと考えるのは理解ができます。しかしリモートワーク中の社員からすると、自宅にいるときも「サボっているかどうか」を常に監視されている状態というのは、相当にストレスフルであるのは間違いありません。自宅というプライベートな空間にも上司が入り込んでくるような気分になり、ストレスでかえって生産性が落ちてしまうことも考えられます。

リモートワークは実際に対面しないだけに、お互いの考えていることが「空気で伝わらない」というのも見過ごせない難点です。メールやチャットなどの文章でやりとりすることも増えるため、リアルな会話であれば問題にならなかったことでも誤解を招いたりする可能性が増大します。実際、リモートワーク導入が進んだことで、「リモートハラスメント」という新しいパワハラが増えているという報道も目にしました。オンライン会議において、同居する子どもの声や生活音について不快感を上司や同僚から示されたり、リアルな会議よりも時間調整がつきやすいことから会議の頻度が増し、リモートワーク導入前よりも必要のない打ち合わせが増えて困るという声です。

このように、リモートワークも決して良いことばかりではないのです。現在は日本企業にリモートワークが本格的に導入されてから日がまだ浅く、その運用法も試行錯誤中の会社が多いと思われます。社員、雇用者ともに余計なストレスを抱えないリモートワークのスタイルが確立するまでには、まだしばらくの時間がかかるでしょう。

リモートワークがこのまま定着していけば、子どもたちの職業観にも大きな影響を与えます。親が自宅のモニターで、英語を使って外国人とやりとりする姿を見る子どもは、自分も将来はそんなふうに外国語とＩＴ機器を使いこなしながら働くのだろう、と自然に思う可能性が高まります。一方でリモートワークができない業種で家計を支えている家は、親の働く姿を子どもが見る機会がなかなかありません。仕事というものに対する感覚が、両者では大きく分かれていくことが今後予想されます。

リモートワークの進展は、住宅や土地に関する人々の意識も変えていくと考えられます。

これまで日本の地方では、若者が地元の大学や専門学校を出た後、東京や大阪、名古屋などの大都市に本社がある企業に就職してお金を稼ぐというのが、「中流の生活」を手に入れるための一つの選択肢でした。しかしリモートワークが普及することによって、「学校を出たら都会に行って稼ぐ」というモチベーションが下がることが予想されます。今回のパンデミックが顕わにしたことの一つが、「人が密集して暮らす都市は感染症に弱い」という科学的な事実です。実際、新型コロナの感染拡大によって発生した死者・重症者の多くは、東京や大阪などの都市部に集中しています。地方にいながらもリモートワークでお金が稼げるようになれば、感染症のパンデミックや大規模な地震などの災害リスクが高い都市に住居を構えることは、避ける選択が増えていくことでしょう。

とはいえ、一朝一夕には変わりません。都市部には人がたくさんいて、その生活を維持するためのエッセンシャルワークの需要も大きいことから、大都市に住み続ける人もいるはずです。「リモートワークができる人」は都市近郊の田舎に移り住むようになり、「リモートワークができない人」は都市に密集して暮らし続けるといったように、人口の再編成が起こっていく可能性があります。それについては次章の「地域格差」において詳しく解説したいと思います。

観光業と飲食業の勝ち負け実況

コロナ禍が仕事に与える業種別の影響度についても、最後に言及したいと思います。

コロナによって業績を落としている業界はたくさんありますが、中でも壊滅的な被害を受けているのが、近年急増していた海外からの観光客をサービス対象にしていた観光業界です。

コロナ前は多数の外国人観光客で溢れかえっていた東京、京都、大阪などの大都市はもちろんのこと、全国の観光地でも、2020年4月頃から訪日客は激減しました。インバウンド需要が消滅したため、ホテル、航空業界なども非常に厳しい状況にあります。

また、ほとんどの人が感染防止のために他人との接触を避けるようになったことから、飲食店やレジャー産業、テーマパークなども減益しています。人に直接会う機会が減ったため、化粧品やアパレルなど「他人に見られる意識」を前提にした商品群も、売り上げがガクンと落ちています。

苦境に陥る業界がある一方で、したたかに業績を維持していたり、逆に売り上げを伸ばしている会社もあります。ホテルでいえば、インバウンド需要に頼っていたところは大変厳しい状況が続いていますが、日本人の富裕層向けに感染対策を十分に行っている温泉宿などでは、予約が数カ月先まで埋まっているというところもあります。海外旅行ができなくなった分、お金に余裕のある中高年の人々は、国内で余暇を楽しむようになっているのです。

最近よく見受けられるのは、2020年の秋から21年の2月にかけて、若い人の団体客による高級ホテルや高級旅館利用です。卒業旅行を海外に行くつもりだった大学四年生たちが、そのお金を普段は利用できないような高級施設に費やしているようです。都心の高級ホテルのスイートルームを借り切って卒業パーティをしたという話を聞いたこともあります。若い彼らは、ビジネスホテルをわざわざ使ったりはしません。「記念」となる、インスタ映えする消費を行っているのです。もちろんこれも、就職先が決まっている学生だけの話で、それ以外の大学生との格差が開いている象徴ともいえる光景です。

自粛要請によって営業時間の短縮が求められている飲食業界でも、新しいビジネスを作り出し儲けを持続している店もあります。たとえばある老舗の高級焼き鳥店では、店舗の売り上げが落ちたことから、店で使っている特別な鶏肉とタレ、高級備長炭とともに、自宅のベランダで焼くことができるミニコンロのセットを売り出したところ、日本中から注文が来てかなり儲かったといいます。このように、コロナ禍を逆手にとって新しい事業を展開できる経営者の企業は、パンデミック下でもしたたかに生き残っていくことでしょう。

その一方で、今回のコロナ不況では、経済的に弱い立場の人々が相当に打撃を受けることが明らかです。政府も、10万円の給付金を２０２０年に一度だけ国民全員に配りましたが、それだけでは焼け石に水で、今後は増大する失業者を救うことが急務となっていくでしょう。

興味深い事実もあります。コロナによる死亡者は２０２１年1月時点で５０００人を超えましたが、日本全体での２０２０年の死者数は19年に比べて減少しています（速報値2

020年／138万4544人、2019年／139万3917人)。多くの人がコロナにかからないように気をつけることで、インフルエンザなど他の感染症にもかからなくなっていることが原因だと考えられます。外を出歩かず、家にこもっていれば、夏場は熱中症で亡くなる人も減ります。みんなが健康に気を遣うようになったために、死者数全体は減少しているのです。

ただし、日本における新型コロナ感染者の数は依然増え続けており、死亡者数はついに7616人になりました(2月24日現在)。しかし、過去に何度も起きた世界的パンデミックからもわかるように、数年以内にこの新型コロナウイルスの流行も確実に収束するはずです。そのとき、パンデミックによって広がった経済的格差が固定化し、何世代もそこから抜け出せないような社会になっているのか、それとも働きさえすれば過不足ない衣食住の環境を手に入れられる社会になっているかは、私たち一人ひとりの社会意識にかかっているのです。

第4章　地域格差〜地域再生の生命線

地域格差の広がりと必要性の低下

地域社会についても、平成期はさまざまな点で格差が広がりました。昭和までの地域社会には、運命共同体的意味合いがありました。人々はそこで働き、生活し、つながりを継承してきました。しかし、平成期以降に起きた変化、とりわけ「人々の経済格差の拡大」「科学技術、交通や通信手段の発達」は、地域社会の意味そのものを大きく変えてしまったのです。

格差について、見ていきましょう。人口減少の中、東京一極集中が進み、「消滅自治体」という言葉も生まれました。人々が集まり、人口がさほど減らない大都市部と、人口減少が進む地方との格差です。都会や地方内部でも、富裕層が住む地域と貧困層が住む地域が徐々に分離し始める傾向があります。

次に、地域社会が持つ意味の変化です。地域社会は、人々のつながりの核といわれていました。人々がそこで日常を営みながら、さまざまな関係をつくりだす場となっていたのです。しかし、オンラインで買い物して配達してもらうことが当たり前になりソーシャルメディア（SNS）でつながる人が多くなると、徐々に地域のつながりの必要性が薄れるようになりました。地域社会を意識せずとも、不便を感じないだけでなく、人々とのつながりを楽しむことができるようになったのです。

では、このコロナ禍は、地域社会の変化のトレンドを加速化させたのでしょうか。それとも反転させているのでしょうか。詳しく見ていきたいと思います。

首都からの転出超過

新型コロナウイルスの影響で「ニューノーマル」が推奨されてから、はや一年が経とうとしています。多くの企業が在宅勤務を推奨し、リモートワークが社会に定着し始めたことは前述しました。それに伴い増加したのが、東京すなわち首都からの転出者です。東京への転入者数を転出者数が上回る「転出超過」が、コロナ以降続いているのです。

総務省の住民基本台帳人口移動報告によると、２０２０年5月、つまりコロナ第1波の感染拡大以降、東京の人口は集計を始めた２０１３年以来初めて、「転出超過」に転じました。

東京は長らく人口過密状態にありました。あらゆる産業が集積し、娯楽にせよ就業にせよ、人々は東京に吸い寄せられてきたのです。ただ、東京は地価が高く、広い住居を手に入れるのは至難の業のため、都市部近郊のベッドタウンに自宅を構える家庭が急増しました。特に団塊世代が働き手となる高度経済成長期には、千葉や埼玉、神奈川でも都心にアクセスしやすい路線に多くの一戸建て住宅やマンションが立ち並び、一大〝ニュータウン〟が形成されていったのです。一家を養うためのマイホームは郊外に持ち、一、二時間かけて都心の勤務地に通勤する。それが多くの勤め人にとってのライフスタイルとなりました。路線によっては混雑率200%近い殺人的な超満員電車も存在し、その様子は日本独自の風景として海外でも紹介されたものです。それがバブル崩壊以降、都心に近い地域にマンションを持つという流れも出来てきました。

しかし、その流れが新型コロナウイルス以降、変化を見せ始めます。3密を避けるため、満員電車やオフィス勤務が敬遠され、「企業の出社率を7割減にする」「人との接触を8割減にする」といった目標が掲げられるようになりました。これは通勤に長時間かけてきた人々にとっては朗報です。無駄な通勤時間がなくなり、心身の負担が一気に軽減したという声も多く聞かれました。

しかし、思わぬ落とし穴もありました。都市部の住宅環境では、仕事のためのスペースを十分に確保できないという問題が浮上したのです。子どもたちが騒ぎまわる居間でストレスを溜めながら仕事をしたり、寝室や小さな子ども机で小さくなって作業をして腰を痛めてしまったり……。男女問わず、「子どもが家にいたら仕事に専念できない」事実が明らかになったのは、第3章で述べた通りです。

そこから次のように考える人が生まれてきます。

「社会にこのままリモートワークが定着していくならば、なにも地価が高く狭い都市部の住居に住み続ける必要はない」

むしろ週末に自分の好きなサーフィンをするために、海辺に住んでもいい。幼い子どもが伸び伸びと暮らせる自然豊かな土地に住んでもいい。これまで興味はあってもできなかった畑仕事をできる地方に住んでもいい、と。これまで人々を呪縛してきた「職住接近」の縛りがほどけ、生活スタイルの見直しが始まりました。**「自由な働き方」が選択できるようになった結果、東京都から人々が流出し始めた**のです。

地方に構えた自宅で仕事をするのに慣れてきたのは、私自身も同様です。大学はオンライン授業が主となりましたし、文筆業においても「ニューノーマル」下では、オンラインでほとんどの作業が実行できます。原稿のやり取りはメールで済みますし、編集者との会話もオンライン会議システムで事足ります。私自身、東京にいる必要性が非常に薄れてきたのです。

周囲には私と同じ状況の知人が数多くいます。自然豊かな環境で、仕事をしながら余暇の息抜きをする「ワーケーション」なる言葉も生まれ、「地方」の魅力は確実に高まっているといえるでしょう。

ただし、注意も必要です。これらの状況をもって、即座に「これからは地方再生の時代だ」「地方再編の時代だ」と手放しでは喜べないのが実情です。いったいそれは、なぜなのか。その理由とともに、今後予測されるトレンドについて見ていきましょう。

ライフステージの場があるか

地域の過疎解消を考える前に、確認しておきたいことがあります。「地域の経済力格差」問題です。

過疎化の最大の理由は、いうまでもなく「出生数の低下」と「人口流出」です。新しく生まれる子どもが少ない。あるいは、ある程度の年齢になると、よその土地に出ていってしまう。もっといえば、出ていったきり戻ってこない……。

一時は「Uターン就職」などの言葉も聞かれ、進学を機に都心に出ても、就職は地元でするなどの動きもありました。もしくは進学も就職も都市部でしても、結婚を機に地元に戻る人もいたものです。

しかしながら、近年進んだのは、「転出し、そして地元に戻ってこない」傾向です。なぜ戻ってこないのか。「戻りたくない」のか、あるいは「戻れない」のか。

おそらく答えはその両方です。理由は単純で、生まれ故郷の土地に、ライフステージに応じた「場」がないからです。生活の糧《かて》を得るための仕事の「場」、自分の子どもを通わせたい教育の「場」、地域のコミュニティを感じられる「場」、日用品を不便なく購入できる「場」、いざというときかかれる医療の「場」……。

どれか一つだけ充足していても不十分です。大切なのは、全世代に応じた「場」なのです。特に、「人口増加」を望むのであれば、単身者だけでなく、子を持つ夫婦世帯の〝誘致〟が欠かせません。その地で子を育てあげ、コミュニティを背負い、余生を過ごすのに安心な「場」があるか。その土地に一時的でなく、恒常的に住み続けるには、これらがクリアされている必要があります。

その観点から眺めたときに、特に都心からの移住希望者が重視するのは何でしょうか。若い世代では〈教育〉、中高年世代では〈医療〉環境かもしれません。今述べた「場」のうち、生活の糧を得る仕事の「場」は、コロナを機にかなり解消され始めています。最悪の場合、何の産業も企業もない土地でも、リモートワークで仕事をできる立場の人であれば、不都合はないからです（もっともリモートワークができるのは一部のオフィスワーカーであり、それ以外の人々がより自由に住む場所を決められるようになるためには、また別の観点も必要なのは前章の通りです）。

もう一つの〈地域コミュニティ〉の「場」も、SNSの発展で移住者側にとってのハードルは低くなりつつあります。仮に東京の慣れ親しんだ土地から、いきなり地方都市に転勤になったとしても、SNSのつながりがあれば寂しさを感じることなく、さまざまな情報も得られる時代です。以前なら移住先の土地で新しい知人を作り、そこでの〈コミュニティ〉に馴染まない限りかなりの孤独や不便を感じたものですが、今はFacebookやTwitter、Instagram、LINEなど、あらゆるソーシャルな「場」が存在します。

ただ、**この中で代替が難しいのが、〈教育〉と〈医療〉**なのです。

まずは、〈医療〉について考えてみましょう。〈医療〉もコロナ以降、オンライン診療の可能性が広がりつつあります。今後この流れが進めば、医療過疎地でも高齢者が長い時間かけて病院に行き、長時間待合室で待つ労力が軽減されていくかもしれません。老いに伴う慢性的な病なら、定期的な診察をクリアすれば、必ずしもリアルな診察は必要ないことも多いからです。

ただ、どんなにリモート診療が進んだとしても、やはり病気や事故、不意の発作などの際に、実際の診察や医療行為に適切に結びつく環境は重要です。特に頻繁に体調を崩しやすい幼い子を持つ家庭や、高齢者のいる家庭にとっては切実な問題です。〈医療〉アクセスの良さは、移住に関して大きなファクターになるでしょう。

高学歴者の出身地

次に〈教育〉ですが、これは第2章の「教育格差」で述べた通りです。親は自分が受けてきたレベルの教育を、最低限我が子に受けさせたいと願うもの。現在の日本は表立っては「平等な社会」ですが、実際には受けてきた教育レベルによって暮らすエリアや働く場が決まり、その結果、生涯賃金が決まるという「階級社会」である現実も前述の通りです。

東京大学が毎年公開している、「学生生活実態調査報告書」という資料があります。東大生の生活や家庭、学びや就職に関しての調査結果です。この報告書には東大生の親の所得状況も記されており、2018年度の報告書を見ると、東大生のかなりの割合が高所得者層出身である事実を確認することができます。東大生の約74%が、750万円以上の世帯年収の家庭出身だからです。年収750万円未満の家庭は全体の約26%にしかならず、年収450万円未満の世帯に至っては、東大生のわずか13%程度しかいないという衝撃の事実です。

これは東大の学費が高いから高所得者の子どもしか通えない、ということを必ずしも表してはいません。かつてより学費が高くなったとはいえ、奨学金制度も整っています。それより大きな問題は、幼い頃から塾代などの教育費をかけられた人々が、東大というゴールにまで到達できている事実です。

しかし、この「教育格差」に関してはすでに別章で述べているので、ここでは割愛します。むしろ、ここで改めて注目したいのは、彼ら東大生の出身地情報であり、東大に通う学生のうち、約7割が関東出身者だというデータです。

もちろん、日本の各地方には実力のある国立大学も存在しており、東大だけがゴールではありません。ただ、私大も合わせて、多くの有名大学が東京に集中していることも周知の事実です。さらに肝心なのは、その有名大学に至るための有名な国立・私立の高校、中学、小学校、そして大手進学塾が、主に東京に集中していることなのです。

こういった現状を踏まえると、コロナをきっかけに地方移住を視野に入れる家庭にとって一つのハードルとなるのが、良質な教育環境の確保であることが見えてきます。

東京23区内でも教育熱心で知られる区に住む知人が、コロナをきっかけに一年間、離島に家族ぐるみで〝留学〟する決断をしました。このまま人口が密集する都心にいても、子どもは伸び伸びと過ごせない。ならばいっそのこと、自然の多い土地に住み、雄大な自然の中での日々を満喫させてあげたいとの願いからです。

一方、過疎化が進み、児童数も激減し、公立校が廃校の危機にある地方自治体では、都心から子どもを呼び込む〝留学〟を謳うところもあります。双方のメリットが合致した上での「移住」というユニークな取り組みです。

ただ、その小学校低学年の子を持つ知人は、こうも言っていました。

「小学校低学年なら、仮に勉強が遅れても取り返しがつく。一年間の〝留学〟を終えて東京に戻ったら、塾に入れて巻き返せばいい」

そうです。つまり、自然豊かな土地は魅力だけど、やはり子の〈教育〉を無視することはできない。それが本音なのです。子どもが小さいうちは「自然の中で伸び伸び」を望む親も、子が成長してもなお「自然の中で伸び伸びと」という方針を続けられるかどうかは未知数なのです。

あるいは、芸能人が海外に拠点を移すなどのニュースを耳にすることもあります。その人に子どもがいる場合、皆が口を揃えるのは、「子どもの教育も視野に入れて」という発言です。ロンドン、パリ、シンガポール、オーストラリア、カナダ……。行先はさまざまでも、いずれも高水準の教育が見込める土地ばかり。むしろ、このまま地盤沈下していく日本を見限り、国際的な教育レベルを求めて、より良い環境に流出していったと見ることもできるでしょう。

このように、地方再生、地方の過疎防止の観点には、〈教育〉が欠かせません。ただ、いまさら人口の少ない地方に、いくつも立派な教育機関を創れるわけもありません。今後、日本は確実に人口減少時代が続きます。地方活性化を期待して開校された全国の大学も、今や続々と閉校している時代です。自分が入学した大学が十年後に存在するかを心配する時代に、安易に教育機関を地方にも創ろうという発想は無謀でしょう。

しかし、希望がないわけではありません。〈教育〉と「地域」の結びつきも、コロナ以降、変化の兆しが見えています。ここ数年間、教育とＩＴテクノロジーを掛け合わせたＥｄＴｅｃｈ（Education×Technology）分野が発展してきました。スマホやパソコン、タブレットで勉強できる学習塾オンラインサイトや、遠隔での家庭教師、自習学習アプリなども盛んに開発されています。

角川ドワンゴ学園が運営するネット通信教育のN高等学校や、世界の一流知識人を講師陣に迎えるミネルバ大学など、ユニークな学びの環境も誕生しています。前者は自宅にいながらオンラインで学ぶことができ、後者は一年ごとに世界数カ国を移動し、現地で全寮制の生活を送るなど、「場所」にとらわれない〈教育〉の可能性を広げています。要するに、**十年後には、「東京=教育に強い」という構図も崩れていく可能性がある**のです。

もっとも現状において、オンライン学習が万能なわけではありません。日本の大学はコロナ禍以降、一斉にオンライン授業に切り替わりました。そこでは確かにメリットもありました。都内の大学に進学するために、家賃の高い東京にひとり暮らしを余儀なくされていた学生が、コロナを機に地元にいながら都内の大学の授業を受けられるようになった。長い通学時間を節約できるようになった。対面式の授業ではまったく発言していなかった学生が、オンライン授業では積極的に質問をするようになった。そういった声も聞こえてきます。

一方で、デメリットもあります。特に大学一年生が新しい友達をつくることもできず、メンタル面などの問題を抱えている。教員側の負担増大。オンライン授業の質の担保。ゼミなどでの議論は難しい。使わない校舎の維持。オンライン中心の授業に対して授業料が据え置かれている、などです。

さらに付け加えるならば、大学でのオンライン授業が可能だったのは、学生がすでに10代後半で、基礎学力もあり、デジタルデバイスを扱え、かつ自習が可能な年代だったからでもあります。同じことを小学校低学年でやろうとしても難しく、年齢に応じた新しい教材や、オンライン授業の在り方を、官民揃って検討し開発していく必要はあるでしょう。

土地の「勝ち組」「負け組」

ある知人がコロナ以降、住まいのある東京から実家のある他県に引っ越そうとしていました。ところが職場に改めて確認したところ、「基本的にリモートだが、週に一、二回は出社するように」と言われたとのこと。しかし、その家庭は夫婦共働きで、子どもがいざ発熱ともなれば学校から容赦なく呼び出しがかかります。新幹線でそれなりの時間がかかる地元に、東京から即座に駆けつけることはできません。さらに大規模災害などが起こりでもすれば、帰宅困難者になる不安もあります。熟慮の末、移住は断念したと話していました。こうしてリモートワークが社会的に定着したとしても、100％フルリモートでない限り、遠方の地方への移住は難しい現実もあります。

それを示すように、コロナ以降、特に転入者が増加したのは、埼玉や千葉、神奈川などの都市近郊エリアです。神奈川県の逗子や鎌倉などの湘南エリアは人気で、中古物件を探す人も多いと聞きます。風光明媚で四季を楽しめる、毎日の通勤は少々きついが、週に一、二回程度の出社なら可能。そういったエリアが好まれています。あるいは地理的には東京より少し離れても、新幹線に飛び乗れば気軽に移動できる軽井沢や熱海などの観光地も人気です。

これらの地域は、先の条件を見事にクリアしています。ある程度馴染みのある土地で、海や山などの自然が豊か、レストランやカフェ、ホテルなど、都心暮らしに慣れた人々でも楽しめる娯楽施設もある。観光客として常によそ者を受け入れてきた地元民たちは、彼らが住民に転じても排除せず受け入れる懐《ふところ》の深さも持っています。しかもいざとなれば、すぐに東京にアクセスできる。かかりつけの医療機関や、行きつけのショップ、劇場や美術館など文化・娯楽施設にも通いやすい。そう、コロナ以降地方移住で重視されているのは、東京へのアクセスの容易さなのです。

とはいえ、この傾向は今に始まったわけではありません。高度経済成長期以降、都心へのアクセスは常に重視されてきました。「職住接近」は長時間労働が一般的な日本社会では、前提条件ですらありました。仮に終業が終電近くなっても、なんとか自宅にたどり着ける。そのためには利便性の高い路線に自宅を構えるのが一番ですから。

郊外のベッドタウンと都心を結ぶ路線は何本もありますが、急行や特急が停まる駅は人気を集めました。朝、各駅停車の満員電車に四十分立ったまま通う土地に住むのか、あるいは始発駅から悠々と座り、快速で二十分の距離に住めるのかは、毎日積み重なれば大きな違いです。

快速や急行列車の停車駅や始発駅前は盛んに開発され、マンションや駅ビル、スーパーやカフェ、ファミレスなどが立ち並び、栄えていきました。映画館や市民ホール、ジムやライブハウスなど、都市近郊ならではの「文化」を培っていった地域も増えました。当然それらの駅チカ物件価格は上昇の一途です。その傾向が今、新幹線レベルにまで広がっているというわけです。

都心からの転入者が多いエリアは、財政が豊かになり、著名な文筆家や俳優などが移り住み、「土地のサロン化」の流れも進みます。そこで生まれるのが、新たな「勝ち組」地方と「負け組」地方です。

もちろんこれまでも、土地の「勝ち組／負け組」は存在していました。古くは「向こう側とこちら側は違う」といった地元の人だけが抱く暗黙の了解のような意識もありました。同じ県でも、県庁所在地の周辺に企業や店、医療や文化施設が集中し、それ以外の周辺エリアでは消滅自治体が生まれるといった状況もありました。

しかし今後は、そういった旧来のエリアや価値観とは異なる次元で、コロナ以降の「勝ち組」「負け組」の土地や地方が出現していくでしょう。そこに顕れるのは、**単なる人口の増減だけでなく、文化・産業的な「勝ち／負け」**です。個人だけでなく、企業が従業員のためのワーケーション滞在施設を設けたりなどの動きも生まれています。その流れにコミットできる土地と、新たな魅力を発信できずに見いだされない土地が、確実に生じていくのです。

地域コミュニティ消滅の果て

改めて、「地域社会」そのものについて考えてみたいと思います。令和時代の現在、私たちが直面しているのは、従来型都市や地方の区別なく起きる「地域コミュニティ」の衰退です。その前提を共有しながら、今後の新しい地域の在り方を考えていきましょう。

かつて、人の一生はその土地のコミュニティと強い結びつきを持っていました。その土地で生まれ、育ち、学び、伴侶と出会い、結婚して子を育て、そして老いて死んでいく。人間のライフサイクルと地域コミュニティが、まるで運命共同体のようにがっちりと結びついていたのです。

人生の節目には、地域の人々や家々のつながり、隣近所の助力が必要不可欠でした。ある家で冠婚葬祭があると聞けば、女性たちが集まり料理をして、裏方を支えました。夏祭りや秋祭り、冬の餅つきに節分の豆まきなどの季節行事は地域一丸となり、地元の世話役たちが取り仕切ったものです。青年団が消防団を形成し、地域の安全を見守る。母親たちはＰＴＡを通じて子どもたちの学びや安全に目を配っていきました。

このような地域の人々のつながりがきちんと機能していた背景には、「その土地に生まれたら、一生そこに住み続ける」前提があったからです。親の代から続くご近所付き合い、自分がおしめを付けていた頃から見守ってくれていた大人たち、そういった人々から受け継がれた有形無形の「恩」を、今度は大人になった自分が次世代に与えていく。すべて「お互い様」で成り立つ社会です。

その後、人々の動きはより流動的になっていきました。特に、経済の高度成長期には、地元で生まれ育っても、進学や就労を機にその土地を離れていく人々が増えました。

しかし彼らとて、やがて移り住んだその先の土地で新たに家庭を築き、土地のコミュニティに参加していました。ひとり暮らしのときはアパートでも、新婚時期は賃貸マンションに住み、やがて夢のマイホームを持ち郊外に住む。そこで子を育てあげ、老いていく。「生まれ故郷」とは異なる土地でも、そこでのつながりを築いていった世代が、今から数十年前までには確実に存在していたのです。

「この土地で生きていく」という覚悟。それが、その土地の人々を強固に支えていました。引っ越してきたら隣近所にご挨拶に行き、出ていくときにはご近所さんたちが見送る。まさに「遠くの親戚より、近くの他人」という関係性が成立していた時代です。

その潮流に変化が起こり始めたのは、1990年代後半から2000年代にかけてでしょうか。この時期に大きな二つの「変化」が誕生したのが原因です。その**変化の一つは、〈移動の自由〉。二つ目は〈通信手段の自由〉**です。

日本は人口減少の時代に入り、かつ長いデフレ期に突入しました。安価で引っ越し一切を請け負ってくれる便利な引っ越しサービス会社が増え、若年層に向けた賃貸物件や、シェアハウスも誕生しました。人々にとっての転居のハードルが、ずいぶんと低くなってきたのです。

〈通信手段の自由〉とは、携帯電話とインターネットの登場です。それまで遠方の人とは、固定電話か手紙でしか連絡手段がなかったのが、スマホやPCなどの登場、SNSの発達で交流が容易になりました。思い立ったらその瞬間にも、遠方の友人と画面越しに親しく語り合えるようになったのです。Amazonなどをはじめとするインターネットショップも急増しました。人々はもはや地元で買い物する必要すらなくなったのです。自分の住む地域でのコミュニケーションの必要性、それ自体が急速に激減しました。

この二つの「変化」で、人々はライフステージに応じて、自由に住む場所を選べる選択肢を手に入れました。ネットで検索すれば、あらゆる土地の情報や物件が瞬時に手に入ります。気軽に引っ越しをして、嫌ならまた転居すればいい。シェアハウスや民泊、居住拠点を複数持つデュアルライフなども提唱され、一生の間にいくつもの土地で過ごすことも一般的になりました。

ライフステージや気分に応じて、気軽に転居を繰り返すことが一般的になった社会で、「地域コミュニティ」の在り方は徐々に変化していきます。転居先で町内会に入り、季節の行事に参加し、世代を超えて近所付き合いを積極的にする若い世帯が、現在どれほどいるものでしょうか。いうなれば、「地域コミュニティ」の機能や価値観が、現代社会では消滅しているのです。

「住宅すごろく」が機能しない

この現象は、従来型「住宅すごろく」ゲームが機能しなくなった、と解釈することも可能です。三十年程前までは「一般的なサラリーマンが歩む定型人生ルート」なるものが、暗黙のうちに成立していました。男女問わず、その人の年齢と職業を聞けば、どういった住まいで、どのような暮らしを送っているのか、大概の想像ができたものです。

その原因の一つは、多くの日本人が「住宅すごろく」とも呼べるゲームに参加していたからです。幼い頃は〈実家〉に暮らし、10代後半からは〈下宿〉や〈アパート〉暮らし、20代後半で結婚し、〈社宅〉や〈賃貸〉マンションなどに住み、30代で夢の〈(戸建て)マイホーム〉を手に入れてゴール。それが「住宅すごろく」の道筋でした。

この「住宅すごろく」の特徴は、このゲームに参加しようと決めた人ならば、基本的に皆、最終ゴールまでたどり着けたという点です。もちろん素早く順調にゴールできる人もいれば、一進一退を繰り返す人もいます。本人の努力以外に、サイコロの目という運命の巡り合わせもあります。20代で都内にマイホームを手に入れられる人もいれば、40代後半にようやく郊外の地に自宅を構えられる人もいた。しかし、スピードやレベルの差はあれ、基本的に「すごろく」はゲームですから、参加者は基本的にゴールできる仕組みだったのです。これが高度経済成長期から90年代までの状況でした。

しかし平成に入り、バブル経済がはじける頃には、「住宅すごろく」が機能不能になってきました。途中でドロップアウトしてしまう、あるいはゴールしたと思った瞬間、振り出しに戻るなど、バグのような人生のどんでん返しが生じてしまうのです。パンデミック下ではマイホームを購入したはずの家庭が失業でローンの返済不能に陥り、マイホームを手放さざるを得なくなったり、真面目に働いてきた人が解雇されて〈生活保護〉や〈ホームレス〉に転落したり、信じがたいケースが続出しています。

あるいは、そもそも人生のゴールに、マイホーム保有を設定しない若年層も増えています。以前から自動車を欲しがらない若者が増えていることは話題になっていました。維持費、管理費がかかるマイカーよりも、シェアカーで十分じゃないかと。見栄と欲から解放された若者は合理的に考えるものです。そのマインドがさらに進み、マイホームも特別に欲しくない、という人々が増えています。

「むしろ一生賃貸のほうが自由でいい」「家族ぐるみでシェアハウスでいい」「住むところを決めたくない」など、多様な選択肢が定着しているのです。

「一生この土地にいるつもりはない」という人々が多数派になったとき、地域コミュニティの維持は難しくなります。「ここに住むのは一過性だから」「いつまで住むのかわからない」人々は、腰を据えて地域の寄り合いやボランティア、福祉協議会などには積極的に参加しません。結果的に、祭りなどを執り行うのは「昔から住む高齢者ばかり」という事態にどこの自治体も陥っています。ある都内の高級賃貸マンションでは、破格の賃貸価格を提示し、近所の大学生を住まわせようと取り組んでいました。その条件は、「地域の祭りやボランティアに参加すること」。そうでもしないと、地域活動が成り立たなくなってきているのです。

その反面、地域でのトラブルは増加しています。従来の自治体では、住民同士の困りごとは近所付き合いの中で解決してきたものですが、いまや一足飛びに区役所や町役場などにクレームが押し寄せるのです。地域社会の困りごとは自治体が責任をもって解決するのが当然、という意識が強まっているのでしょう。

そもそも普段から地域コミュニティとは疎遠なので、「どこに相談していいのかわからない」人も多い。数年前には、騒音クレームを隣家に告げたら、恨みをかって刺されてしまったなどの事件もありました。「隣の他人」とコミットする方法がわからず、トラブルに発展する事例が増えているのです。

このように「住宅すごろく」ゲームが成り立たなくなった地域コミュニティでは、従来型の「地元意識」と、新しい移住者の「コミュニティ意識の希薄さ」の間に大きな溝が発生しています。今後はこのような要素も考慮に入れつつ、地域社会の存続を模索していくべきでしょう。

富裕層の脱出と貧困層の滞留

従来型地域コミュニティのもう一つの特徴として、かつては多様な層の人が、同じ土地に暮らしていたという点が挙げられるでしょう。女性も男性も、子どもも若者も、高齢者も一つの地域内にいた。比較的裕福な家も、貧しい家も、健康な人もそうでない人も、皆が一定のエリアに暮らしていたわけです。当然、裕福な家が立ち並ぶエリアもあれば、貧しい長屋が続く地区も昔からありましたが、より広い範囲で考えれば、雑多な人々がその地域全体を構成していたといえるでしょう。

比較的裕福な家は、いざという場合に貧しい人々に手を差し伸べる余裕がありました。地域で困りごとが起こった際は、仲裁や判断に乗り出す役割も求められていました。「健康で豊かな人」は貧しい人を助け、「貧しく健康でない人」は周囲からの見守りや小さな好意に支えられて生活していたのです。つまり「助ける人」と「助けられる人」が混在しているのが、あるべき「地域コミュニティ」の姿だったわけです。

しかし、現代社会で進行しているのは、階層による地域の分断です。「富裕エリア」と「貧困エリア」が、明確に分かれてきているのです。

『「東京DEEP案内」が選ぶ　首都圏住みたくない街』（逢坂まさよし＋DEEP案内編集部／駒草出版）という本があります。「45路線718駅を徹底調査した、街のネガティブ情報大全」という触れ込みですが、このような本が話題になる背後には、駅や路線によって住む人々の階層がすでに細分化されている現実があります。自分と異なる〈階層〉の人々がいる場所には住みたくない。そう願う意識が、人々の間に定着し始めているということです。本章では、地方と都市部という対立構造を見てきましたが、すでに東京の中でも「裕福エリア」と「貧困エリア」は分断が進み、金持ちは「貧困エリア」から脱出し始めています。

三十年ほど前までは活気があった下町が、いまや高齢者しかいない街に変貌しつつあるケースをよく見かけます。また、かつての「ニュータウン」が、いまや過疎化の一途をたどり、公園には高齢者しかいないといった光景。治安が悪くなってしまっているエリアもあります。

公営住宅の高齢者率も、非常に高まっています。かつては人生の一時期に公営住宅に住み、お金が貯まればそこを出ていく流れが一般的でしたが、いまや生涯にわたり公営住宅住まいの人も増えているのです。

「住宅基本台帳に基づく人口、人口動態及び世帯数」（平成30年度／総務省）によると、日本における公営住宅管理戸数は、現在総世帯中の約4％です。東京に限ると、民間借家の平均家賃が8万9600円に対して、都営住宅家賃の平均家賃は2万3000円。入居者の約6割が、60歳以上の高齢者です。平均居住年数も伸びています。民間借家だと平均十二年以内が圧倒的多数なのに、公営住宅では二十年以内が多いものの、それを超える二十年、三十年、四十年、五十年以上と、人生の大半を暮らし続ける世帯が多いことがわかっています。

こうした事態の要因は、「少子高齢化」と「日本の貧困化」です。それが「地域格差」

として、表面化しているのです。

私の知人で下町に住んでいた中小企業の経営者がいますが、十年程前、妻に請われて、「生まれ育った土地を出て、文京区に引っ越した」そうです。妻曰く、「子どもの教育に相応《ふさわ》しい区に移り住みたい」のだと。

実際に、私もそういった下町の一つの公立中学校を訪ねた話は先述しました。共学校のはずなのに、男子が女子生徒の倍の人数がいたというエピソードです。理由は、この地区の女子の何割かが、私立の中学校に進学してしまうからです。

この話は一瞬、私を意外な思いにさせたものです。なぜならひと頃まで、私立の中学受験をさせる家庭は、いわゆる教育熱心といわれる区に集中していたからです。子どもを中学から私立校に入れる。これは生半可な熱意と経済力では実現できません。仮に中・高、そして大学まで私立となれば、その学費は1000万円は下りません。しかも費用は学費だけに留まりません。学校指定の制服やカバン代、全員が揃える学校教材費。私立校ならではの高額な修学旅行費や交際費などもかかってきます。小学校四年生でも最近では遅すぎるといわれる私立中受験のための塾代は、一カ月5万円あたりが相場です。中学校受験以前に、小学校時代から塾代だけで200万円近くかかることを覚悟しなくてはならないのです。

しかし今、我が子を私立の中学校に通わせたいと願う親は、特別裕福な家庭に限らなくなっています。経済的に無理をしてでも私立中学校に通わせたいと願う親たちの背後には、第2章で見てきた**「教育格差」が将来にわたる「経済格差」につながりかねない**という不安感があります。折しも近年は中高一貫校のブームでもあります。レベルの高い公立学校は中高一貫校に転身するところも多く、そうなると小学生時代から塾通いをして中学受験をしておかないと、高校からは募集すらないという実情もあります。さまざまな焦りが、多くの親を小学生時代からの塾通いに駆り立てているといえるでしょう。

この傾向は、女子を持つ家庭により見受けられます。男子を持つ家庭は、世間の荒波にもまれて自力で現状打破する力を身につけてほしいと願うのに対し、女子にはわざわざ苦労をさせたくない、できるだけ育ちの良い家庭の子たちと交わらせたいという親の欲望があるのかもしれません。

私が見学したある公立校の授業風景は、実際に紙くずやら消しゴムやらが宙を飛び交うありさまでしたが、もっとも残された彼らにしても、そういう不名誉な噂が広まっていることで、やるせない無気力感にさいなまれているのかもしれません。

教育と年収と地価の関係

ここに経済的豊かさと学力の関係を裏付けるデータがあります。国土交通省「住宅市場動向調査」（令和元年度）によると、人々が賃貸物件を選ぶ際、最も重視するのは「家賃」と「立地」であるという回答が出ています。その観点から、以下の情報を眺めてみましょう。

現在、全国の市区町村の中で、一畳あたりの家賃が高い順に並べたランキングは以下の通りです。

1位：港区、2位：千代田区、3位：渋谷区、4位：中央区、5位：文京区、6位：新宿区、7位：豊島区、8位：品川区、9位：目黒区、10位：中野区。

その一方で、東京23区内で最も家賃が低いのは足立区で、1位の港区との差は2倍以上の開きがあります。

次に、東京都在住者の年収ランキングを見てみましょう。

1位：港区、2位：千代田区、3位：渋谷区、4位：中央区、5位：目黒区、6位：文京区、7位：世田谷区、8位：新宿区、9位：武蔵野市、10位：品川区。

当然といえば当然かもしれませんが、「家賃」と「年収」の高額ランキングは特に上位において見事に一致します。

さらにここに、東京都の学力偏差値ランキングを重ねてみます。参考としたのは、ダイヤモンド・オンラインです。東京都「児童・生徒の学力向上を図るための調査」（2018年）の結果を「学力偏差値」としてランキングにまとめた結果を掲載しています。それによると、小学五年生段階での東京都の「学力偏差値」ランキングは以下の通りです。

1位：文京区、2位：武蔵野市、3位：千代田区、4位：中央区、5位：目黒区、6位：世田谷区、7位：港区、8位：新宿区、9位：杉並区、10位：江東区。

いかがでしょう。「家賃の高さ」「年収」「子どもの学力」ランキングは、ほぼ一致していることがわかります。「年収」の高い家庭が、「家賃の高い」エリアに住み、「子どもの学力」をせっせと向上させていく。行き着く先は、富裕層の子は、再び富める人生を歩んでいくという構図です。こうして社会に格差が定着するのです。

ちなみに、「学力偏差値」トップエリアの公立小学校に通う生徒の平均偏差値は70程度と推察され、私立・国立中学校への進学率が4割程度です。もっとも先に述べたように、最近は公立校でもレベルの高い教育を提供する中高一貫校が増えています。そちらへの進学率も高いのでしょう。

そういった公立学校では、六年生の受験率は9割以上。つまりクラスのほとんどは塾に通って受験をするのが一般的な文化風土です。ランキング外の東京周辺エリアでは、私立・国立への進学率は1割程度、平均偏差値50という地区も多く存在することを考えると、やはり**〈教育〉と〈年収〉〈地価〉は密接に結びついている**といえるでしょう。

「助ける余裕がある人」と「助けを必要とする人」

社会学では、地域のボランティア活動や社会活動面を研究する分野があります。その中で「理想的コミュニティ」のように扱われる地区の代表が、東京では文京区と武蔵野市です。両地区とも比較的裕福な家族が住み、教育熱心な土地として有名です。

文京区は江戸時代には武家屋敷が立ち並び、その跡地が東大や筑波大など教育機関や病院に転用されたこともあり、大手進学塾も集まっています。一方の武蔵野市は、東日本旅客鉄道と京王電鉄が交差する吉祥寺駅があり、交通の利便性に加えて、井の頭恩賜公園などの広大な緑豊かなエリアもあり、子育て世代、単身者含めて「住みたい街ランキング」の上位を維持しています。

私にいわせれば、このようなエリアを「地域コミュニティ」のモデルケースとして参照しても、他の地域にとってあまり参考になりません。なぜなら、これまで見てきた通り、この二つの地区には健康で、経済的に裕福な「助ける余裕がある人」が多く住んでいるからです。

ボランティアや地域活動というのは「助ける余裕がある人」と「助けを必要とする人」の両者がいて成り立つものです。「助ける余裕がある人」が多くいて、「助けを必要とする人」が少ない自治体をモデルにして、いったいどうするというのでしょう。「助けてほしい人」は、彼らとは無縁のエリアに住んでいます。自分と同じく「助けてほしい人」ばかりが集まっている土地に、という何ともならない構図です。

ボランティアの担い手は、金銭的、時間的、労力的に余裕がある収入が高い夫の妻、親が裕福な学生、年金が十分にある引退高齢者がメインです。その意味では、上記のエリアにはそういった人々が数多く住んでいるでしょう。しかし、「助けてほしい人」が多い区では、そもそも学生があまり住んでいなかったり、主婦も働いて自ら家計を助けなくてはならなかったり。高齢者でも優雅に引退できずに働き続けなくてならない人々が多く住んでいます。つまり、他人を「助ける」どころか自分自身が「助けてほしい」人々がほとんどであり、その域内での相互自助的ボランティアは正常に機能しなくなりつつあるのです。

イギリスでかつて試みられた「コミュニティ開発の失敗」についての論文を読んだことがあります。かつて、ロンドン郊外にある貧困地域を政府が「コミュニティ活性化地域」に指定し、さまざまな活動や就職支援等を重ね、人々が貧困から抜け出せるように試みたそうです。貧困にあえぐ人々が、教育を受け、職を得、地域一丸となって貧困から抜け出せば、そこのコミュニティは活性化する。それをもくろんでの試みでしたが、ある程度成功した結果、何が起きたでしょうか。貧困から抜け出し、就職して経済的余裕ができた人、つまり自らが「助ける余裕がある人」になれた瞬間、その人々はその地域から次々と「脱出」していったのです。「助けてほしい人」は、永久に「助けられる人」の側に回らない。

そんな悲しい現実が浮かび上がったということです。人はお金だけあれば満足して生きる存在ではありません。娯楽、文化、交際、教育……。収入を得た人は、次なるステージを求めて、生まれ育った土地を捨て、これらの要素が集まる地域に旅立ってしまったのです。

自己責任論がつくる階級社会

これまでの日本社会でも、貧富の差は常にありました。江戸、明治、大正、昭和、平成と、常に金持ちは大きな家を構え、子の教育や娯楽に大いにお金をかけてきました。彼らは自分と同レベルの階級の中で人脈を築き、さらなる成功を手にしていたのです。一方で、長屋暮らしの人々は一家でギュウギュウに暮らして、その日食べるものもままならない。そういった差はいつの時代も存在していました。

では今、いったい何が問題なのか。それは**「貧富の格差」が長期化、固定化、鮮烈化していること**です。自宅以外に豪華な投資用のマンションを何棟も保有し、さらに金融投資で富を積み増している層がいるかと思えば、もう一方では世代を超えて貧困が受け継がれていく——そのような社会の格差に誰もが驚かなくなっています。

かつては小学校卒の首相や企業の成功者がいた日本です。若者たちは立身出世を夢見て、懸命に働き、「住宅すごろく」ゲームにも参加できました。

しかし、現在はどうでしょう。貧困ループから抜け出すのは容易ではなくなりました。幼少期からの「教育格差」が、「所得格差」に続いているからです。

さらにここ三十年余りで、日本は「自己責任」論が声高に叫ばれる国になりました。ホームレスになったのはその人が努力しなかったから。非正規雇用者が簡単にクビになり、ボーナスももらえないのは、その人が正社員になろうと努力しなかったから。ひきこもりなのは、自分が努力しないから。パート暮らしで生活が苦しいシングルマザーは、その人生を自ら選択したから。「生活保護」者は、働くのが嫌で楽をしたいから。すべて自分の「選択」の結果なのだから、仕方がない。なぜ社会に文句を言うのか――。

しかしこれらは、はたして本当に「自分」が頑張ればどうにかできた問題ばかりなのでしょうか。

たとえば貧しい田舎から出てきた若者が、建設現場に住み込みで働き、兄弟が継いだ実家に戻ることもできず、マイホームも持てずに老いていく場合、そこに社会の構造的課題はなかったのでしょうか。非正規雇用では社会保障や貯蓄は難しく、病気や怪我をすれば職も住まいも同時に失います。気づいたら路上で生活していたような場合、本人の自覚や努力が足りないと一方的に責められるものでしょうか。

あるいは、たまたま大学卒業時に経済不況が重なった世代は、仕方なく派遣や契約社員として社会人生活をスタートします。しかし新卒一括採用が一般的な大手の日本企業が、既卒でかつ派遣しか経験してこなかった人を正社員として雇用することはほとんどありません。専門的な職業訓練を受ける機会も得られず、生涯にわたり不安定な雇用状態を余儀なくされる。そういった時代の不運も、本人の努力不足ゆえでしょうか。

画一的な日本の学校教育では、集団生活に馴染めない子や、いじめの構造が生じやすいともいわれます。心にトラウマを抱えて学校をドロップアウトした子が、不登校からひきこもりに移行する例は、もうずいぶんと前から指摘されていたことです。これらを社会問題として認知しながら具体策を打ち出さなかった社会で、その責任はひたすら当事者とその家族だけが負うべきなのでしょうか。「保育園落ちた日本死ね!!!」の社会で、幼い子どもを抱えてシングルマザーとしてパート暮らしだった女性が、コロナで解雇されて一日一食で暮らしているのは、はたして本人の自覚が足りなかったからでしょうか。

どんな土地に生まれるか、どんな教育レベルの親の下《もと》に生まれるか、どんな時代に生まれるか、どんな周囲の人間環境の下で育つのか、そういったあらゆる環境が物心つかない頃から私たちの言動や人生の選択に影響を与えていきます。それらを「自己責任」の一言で片づけるのは、想像力の欠如以外の何ものでもないと、私は考えます。

先日、ある人がテレビでこんなことを言っていました。

「大学で一所懸命勉強して資格をとり、今の仕事に就けたのは自分自身の努力の結果。ホームレスは努力しなかったから、働きたくないから路上にいる。結局、自分の努力が足りないからですよね」と。

驚きましたが、このような認識はこの男性ばかりではないのでしょう。心の奥底でこう信じている人はかなり多いはずです。

しかし、こう想像力を働かせることもできるのではないでしょうか。

「では、自分が仮に路上生活者の下に生まれたとしたら、自分はそれでも立派な塾に通い、有名大学に進学して、勉学に専念することができたかどうか」と。

その方が大学に進学して成功している。その裏には、自分自身の努力以上に、その人の教育にお金をかけることに価値を見いだした親がいたからです。「勉強などしても無駄だ。それより高校を出たら働け」と強制せず、「あなたの努力は報われる。進みたい学校に進みなさい」と背中を押して見守ってくれる家庭に生まれたという幸運が、多くの場合根底を成しているのです。現在日本にはびこる「自己責任論」を、私たちはもう一度よく考え直す時期に来ているのではないでしょうか。

マイホームあっての「パラサイト・シングル」

今から約二十五年前の１９９７年、私は「パラサイト・シングル」なる言葉を世の中に提示しました。成年となり、働いて独立する年齢になってもなお独り立ちせず、好んで親の元に住み続け、衣食住を親に賄ってもらっている独身者のことです。稼ぎのある人もない人も実家に寄生している構図は共通で、そのイメージを踏まえて「パラサイト・シングル」と呼んだのです。

当時、親同居の独身者が増加していた背景には、いくつかの要因が関係しています。一番の理由は、若年層を中心に非正規雇用者が増えたことです。総務省の「労働力調査」によると、1984年には15・3％だった非正規雇用労働者は、2020年度の時点で38・3％にまで増加しています。

ちょうど時を同じくして「ニート」「フリーター」「ハケン」という呼称も日本社会に定着しました。時は2000年代。バブル崩壊後の就職氷河期時代ともちょうど重なります。バブル崩壊後の日本は1993年以降、景気が後退し始め、大手企業が一斉に新規雇用を控えるようになりました。正社員採用が見込めない若者が大勢、非正規雇用という選択を余儀なくされたのです。1986年に施行された労働者派遣法は、1996年に派遣業務の対象を26業務に拡大、1999年には派遣業種は原則自由となりました。当時のテレビで、派遣会社のCMが流れない日はないほどの全盛期に突入したのです。

ボーナスや昇給がなく、住宅手当も交通費も出ない。それどころか一年先、三年先の雇用もどうなっているかわからない。そんな待遇が現在では問題視されていますが、当時は「企業に縛られない、自由な生き方」という観点で、フリーターやハケンという生き方を肯定的に捉える若者も数多くいました。

しかし、そんな不安定な暮らしでは、将来に建設的な未来図を描けないのも当然です。貯蓄もままならない時給制では、都内でひとり暮らしするのも難しい。そうした経済的背景からも、「パラサイト・シングル」は増えていきました。

親の側の子に対する態度も、徐々に変化していきます。まず子どもの数自体が昭和初期頃に比べると、格段に少なくなりました。戦前のように子どもが各家庭に四人も六人もいたら、皆が寄生することは不可能です。しかし、子どもが一人や二人ならば、我が子が成長してなお親元に住み続けることは可能です。

高度経済成長期を体験している親世代は、経済的余裕から塾や習い事、進学にお金をかけ、手塩にかけて子どもを育て上げました。そんな我が子が、成人後すぐに独立せず、そのまま実家暮らしを続けることは、むしろこれまで通りにあれこれ世話することができる喜びに通じるのかもしれません。

しかし、ここで強調しておきたいのは、「パラサイト・シングル」が可能だったのは、先に述べた「住宅すごろく」ゲームが機能していたからという点です。子どもが非正規雇用で「住宅すごろく」を進めなくても、親はまだすごろくを順調に進んでマイホームを手に入れられていた世代です。成人がもう一人くらい住み続けても、経済的、空間的にさほど支障がない自宅を持っている。その現実が「パラサイト・シングル」を可能にしていたのです。

昨今、その事情も明らかに変化しました。**2000年頃に成人し、非正規雇用で人生をスタートし、そのまま不安定な生活を続けていた世代が、2021年現在、子を持つ親の年齢に**なっています。急激な少子化の背後には、非正規雇用者が急増している社会状況もあります。順調に貯蓄ができないどころか、翌年の就労の見込みも立たない人が、子どもを何人も持とうと考えられるでしょうか。あるいは、「パラサイト・シングル」を続けてきた人が、親があらゆる面倒を見てくれる快適さを捨てて配偶者を得て独立するリスクを、いまさら求めるものでしょうか。答えは自然に見えてきます。

ひきこもり100万人の日本社会

2019年には、内閣府が初めて中高齢者も含めた「ひきこもり」の調査にも乗り出し、結果が発表されました。明らかになったのは、現在日本にはおよそ100万人以上のひきこもりの人がいるという現実でした。

内閣府はここでの「ひきこもり」の定義を、「自室からほとんど出ない人」の他、「趣味やコンビニ程度の買い物には行くが、それ以外の外出や人との関わりがほとんどない人」と定めました。その内訳を見てみると、意外な事実も見えてきます。15～39歳のひきこもりが約51万人、40～64歳が約61万人いるというものです。合計で110万人超。なんとも重い数字です。

高齢者のひきこもりの原因で、一番多いのは「退職」の36・2％でした。次いで「病」がきっかけになった人も21・3％います。

しかし、注目すべきはそれ以外の「人間関係」21・3％、「職場になじめなかった」19・1％、「就職活動がうまくいかなかった」6・4％です。

特に40～44歳では、就職活動の失敗からひきこもりになった人も多く、**いわゆる就職氷河期が、現在のひきこもり増加にも関与している**と分析されています。

ただ、彼らはまだ「ひきこもれる家」があっただけ、幸いかもしれません。マイホームを持つ親世代がいたため、〝パラサイト〟できる環境を生まれながらにして持っていたわ

初めてひきこもりの状態になった年齢

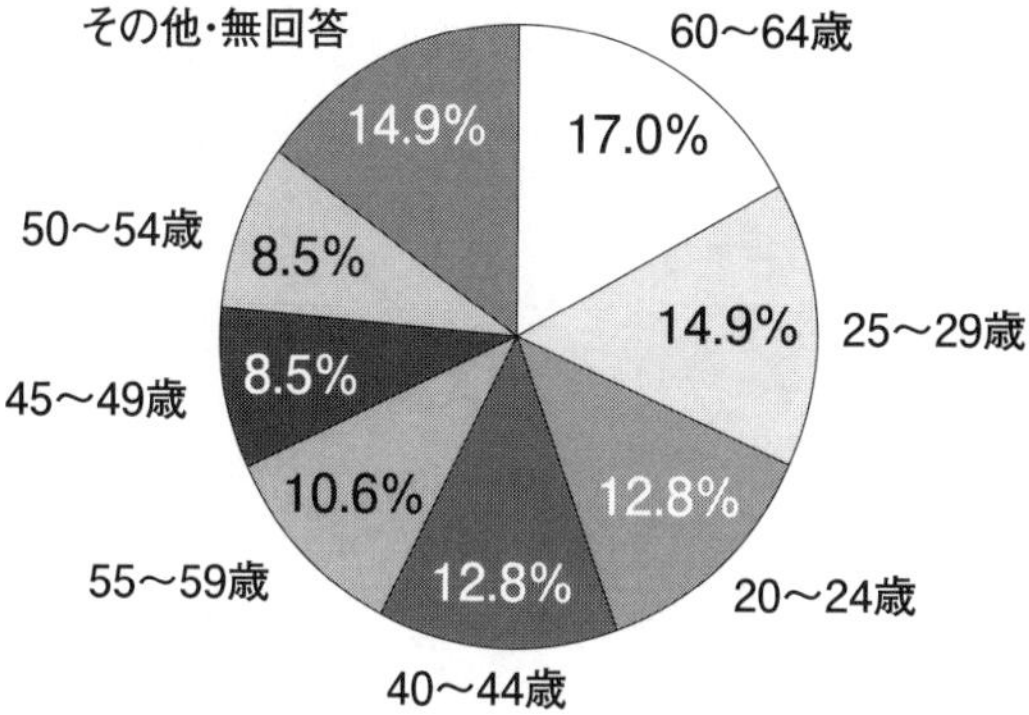

出所：内閣府「生活状況に関する調査（2018年度）」

けですから。

しかし、今後は違います。親がローンを払い終わったマイホームを持っている、あるいはセカンドハウスや投資用マンションを保有しているなどの富裕層の家庭なら、今後も子どもはそこに住み〝パラサイト〟生活を続けることができます。ですが、そのような環境を生まれながらにして持っていない子どもはどうなるか。〝パラサイト〟できないということは、「ひきこもり」もできないということです。そういった人々は路上に出てホームレスになるか、生活保護を受けるかしかありません。「パラサイト・シングル」「ひきこもり」の分野でも、富裕層と貧困層での格差が生じ始めているのです。

２０２０年12月分の「労働力調査」の発表では、現在、日本の完全失業者数は１９４万人となっています。コロナ以降、11カ月連続で失業者が増加しており、前年同月に比べると、なんと49万人の増加です。さらに、仕事をさがすのをあきらめた「隠れ失業者」も50万人いると推定されています。

あるいは現在、かろうじて失職を免れている人々も、コロナによる不況が長引けば、失業者に転じる例も増えていくでしょう。そこには単身の非正規雇用者ばかりではなく、シングルマザー／ファーザーもいるでしょう。一家の大黒柱として、家族を養ってきた父親や母親もいるでしょう。

路上生活者用の炊き出しや子ども食堂には、これまでにはなかった家族単位の人々の姿も見受けられます。今後もコロナ禍が一気に収束しない限り、安定した家や経済的基盤を持たない人は増加していくと思われます。

徐々に進行しつつあり、それがコロナで一気に拡大した「地域格差」。これは、見過ごすことのできない段階まで到達しているのです。

「点」から「面」への地方再生

ここまで「地域」や、そこに暮らす人々にまつわる格差の現状を考えてきました。自分が生まれた環境によって、少なからず未来が決まってきてしまう。貧困を受け継いだ子が、負のスパイラルから抜け出せず、しかしあらゆることが「自己責任」として片づけられている社会問題にも言及しました。人間が住む社会では、いつの世も常に貧富の差があったものですが、本書では、**その格差が長期化、固定化され、かつ世代を超えて受け継がれ、「階級社会」化することを問題視したい**のです。

新型コロナは、この傾向を助長させるのか、それとも悪しき流れを断ち切るブレークスルーとなり得るのか。最後に、明るい未来も描いてみましょう。

これまで見てきたように、リモートワークが進み、地方での居住が可能になったことは、大いなるチャンスであることは確かです。人々が重視してきた教育環境も、21世紀のＩＴテクノロジーで新たに大きな可能性が生まれています。

先日の日本経済新聞では、インドのオンライン教育大手「バイジューズ」が、進学塾大手を次々に買収しているという報道が出ました。インドでは幼稚園年長から高校三年生までの年代が、なんと2億6000万人います。これだけで日本の総人口の2倍以上という広大なマーケットであることに加え、都市部と地方の格差は日本の比ではありません。富裕層家庭の子は都市部で高度な教育を受け、名門大学に進学、さらには海外留学や海外就職などを実現していきますが、地方の過疎地域に取り残された家庭の子女は、教育の機会を得ることなく、生涯貧困から抜け出すことができません。

しかし、そんな現状を逆手にとって、ＥｄＴｅｃｈ企業は急成長しています。オンライン技術に、優秀な講師陣とＩＴ分野ならではのユニークな教材を掛け合わせ、土地と〈教育〉の呪縛を解き放とうとしているのです。日本もこの分野の発展が今後進めば、「地域格差」解消の糸口が見えるかもしれません。

日本では、地域社会への新たなコミットの方法も見受けられます。東京から地方に移住した人の中には、移住先で町会議員に転身し、地元の人々とその地を盛り上げようと奮闘している人もいます。

カギとなるのは、移住を「点」で終わらせないという動きです。個人や世帯単位で移住してきた人々が、その地でコミュニティを築き、「面」に発展させていくことです。

今、企業や自治体、国なども移住に対して各種支援金を用意しています。「東京以外の土地で創業したら、支援金〇〇円」などというように。もちろんそれもいいのですが、移住させたらそれで終わりではありません。大切なのは、そこを自分の本拠地として定住してその地域にコミットしてくれる関係性です。

私が思い出すのは、2005年、内閣府に「生活達人委員会」なるものが立ち上げられたときのことです。清家篤氏（前・慶應義塾長）を座長とし、私も委員として加わりました。そこでは、従来とは異なるユニークな暮らし方をしている人を探し出して紹介し、「生活達人証明書」を発行しました。すると反響がけっこう大きく、『内閣府認定「生活達人」』と名刺に刷り込んだ人もいたほどです。従来の、つまり「夫はサラリーマン、妻は主婦で、物質的に豊かな生活を目指す」とは違った生き方を認めてほしい、という人がこれだけ多いことに感心したものです。

また、地方でユニークな暮らしを実践している人々の体験談をまとめた本なども見ることができます。三浦展《あつし》氏は『100万円で家を買い、週3日働く』（光文社新書）で、離島暮らしや狩猟採集生活、シェアハウス暮らしなど、さまざまな「暮らし」の事例を紹介しています。藻谷《もたに》浩介氏も『里山資本主義——日本経済は「安心の原理」で動く』（角川新書）で、地方の里山を生かしたユニークな事例を紹介しています。

これまで「点」に留まりがちだった好例を、今後いかにして「面」として波及させていくか。一部の行動力がある人だけが実現できる特別な「移住」ではなく、ごく平均的な家庭が低リスクで実践できる環境を、地方が提供し、サポートしていけるかがカギになるのではないでしょうか。

地域格差も多様性がカギ

今一つ大切な、「移住」の条件についても考えてみましょう。

それは、〈多様性〉に関することです。これまで「移住」に対する経済面やアクセス面、教育面について言及してきましたが、最後にお話しするのは「人々のマインド」に関することです。

地方を離れて都会に暮らしてきた人々は、地元にはない職や娯楽、刺激や学びを求めて、生まれ育った土地を出てきたはずです。しかしそこには、地方の画一化された価値観から逃れたいと切望した人も、少なからずいるのではないかと思うのです。

私の教える学生の中には、地方出身の女子学生も大勢います。彼女たちと話していると、地元に対しての複雑な思いが垣間見えてきます。

「たまに帰るのはいいけれど、定住するのは絶対にイヤ」

こんな声がチラホラと聞こえてくるのです。一言でいえば、旧弊な家父長制的価値観が、家庭にも企業にも地域社会にも根深く残っており、それが嫌でたまらずなかば逃げるようにして都会に出てきたというのです。

女ならば、男に従って当たり前。嫁は夫や舅、姑にかしずくもの。女が働くなんてとんでもない。早く結婚して孫の顔を見せてくれ。そんな生き方は世間体が悪い。会社でも女性のお茶くみは当たり前。地域の会合では、女性は延々と台所に立ち続け、飲み食いするのは男性ばかり……。令和時代の現在も続いているその因習を、自分も生まれ故郷に帰ったら踏襲しなくてはならない。そんなのは絶対に嫌だから、何が何でも都心で就職して、都心で暮らせる人と結婚するんだ。そういう決意を何度も耳にしました。それを裏付けるかのように、男女共同参画会議でも同様の議論が出ました。若者の中でも若年女性が地方から都市部に流出して、帰ってこないという問題です。地方では、男女比が崩れ、その結果、人口減少が加速しているのです。

安倍政権下でも、「すべての女性が輝く社会づくり」というスローガンが出されました。その実現がいかほどであったたか、世界経済フォーラムが毎年発表する「世界ジェンダー・ギャップ指数」を見ますと、2020年段階で日本は153カ国中、121位という過去最低の記録。つまり、理想実現までの道のりはまだまだ遠いわけですが、少なくとも東京においては「男女平等」の精神は、表向きは標榜《ひょうぼう》されています。

もちろん、「地方」をひとくくりにするのは乱暴であり、その土地ごとや、家庭や企業なりの風土があるでしょう。

しかし、今後もしも過疎化対策を望む地方コミュニティがあるならば、〈多様性〉を無視することはできません。移住者は必ずしも旧来通りの、男女夫婦に子どもが二人といった「定型世帯」ばかりとは限らないのです。

リタイアした高齢者世帯、若い夫婦、幼い子どもがいる家庭、思春期の子を持つ世帯、単身者、外国人、同性カップル、養子を育てる家庭、貧困家庭、さまざまな人々が移住してくるかもしれないのです。

誰もが抑圧されることなく、何かを強制されることもなく、互いを尊重しあい、長い時間ともに生きていけるコミュニティを創り上げていく必要があります。もちろん、その土地特有の文化や伝統もあるでしょう。それらを捨て去る必要はありませんが、同時に新しい価値観を受け入れる柔軟性も大切だということです。

もっともそれは、地方に限った話ではありません。今後、日本は少子高齢化の一途をたどります。コロナにより、出生者数は従来の予想よりも早く減少の道を進むでしょう。それは、日本の国のかたちが不可逆的に変化していることを意味しています。

外国人も裕福な訪日客ばかりではなく、技能実習生や、アルバイト、留学生が今後増えていくはずです。彼らを異邦人として排除するのではなく、同じコミュニティに暮らす人間として、共生していく覚悟が必要です。

同時に、失業者が一気に増える日本で、相も変わらず「自己責任論」を振りかざすことも賢明ではないでしょう。「助けられる人」が「助けてほしい人」を、物理的にも精神的にもサポートしていけるか。「公助」の充実はもちろんですが、ともに助け合う精神が今一度、盛り上がることがあってほしいと思っています。

コロナ禍以降に地方に移住した人は〝リモートワークを選択できる〟、いわば「富裕層」中心です。しかし、そうでない人たちにも、今後流動的に住む土地を選択していける環境を整えていくことが理想です。

これまで日本人は、昨日よりも良い暮らしを目指してがむしゃらに働いてきました。しかしながら今や、「一億総中流社会」時代ではありません。「日本の貧困」をイメージできない人は、まだまだ多い気がします。本当は気づき始めているけれど、心では認めたくないという本音がそこには隠れているのかもしれません。

「貧困」と表現するとき、そこには悲惨な印象が確かに生まれますが、言い換えれば「無理をしない」「見栄を張らない」ともいえるかもしれません。できるならば、多様な価値観を持つ人々が同じ土地に住まい、「お互い様」の精神で、少しずつ可能なことを行い互いに手を差し伸べる、そんな共存から始まる「地域社会」を実現できればと、私は切に願っています。

第5章　消費格差〜時代を反映する鏡

消費形成における豊かさの変化

コロナ禍以前より生じていた格差に、「消費格差」があります。一言でいえば、これは「消費の質の変化」です。本章では、コロナ禍でさらに顕在化した五つ目の格差として、消費の移り変わりに焦点を当ててみたいと思います。

まずは、時代変化に伴う消費の移り変わりをおさらいしてみましょう。

戦後昭和期から平成初期の1995年くらいまでは、「家族消費」の時代といえます。核家族化への変遷はありながらも、親子で持ち家を備え、時代に即した家電製品を揃え、子どもに教育を与えて成人させる、という行為にお金を使うスタイルです。義務教育後も子どもを進学させる家庭が一般化し、大学進学率は、1970年の男女合計17・1%（18歳人口約190万人）から1995年には32・1%（18歳人口約180万人）と、右肩上がりで上昇しました。

その後、1990年代後半ごろから現在にかけて、消費の質の変化が如実に表れてきます。家族から、個人へ。たとえば、他者から評価を得るためにお金を使う「プライド消費」や、承認を得るためにお金を使う「アイデンティティ消費」に移り変わっていくのが、平成時代の特徴となりました。

なぜ、このような変化が起きたのでしょうか。

それは、時代における〈豊かさ〉の変化が起因しています。結論から述べますと、日本社会はある意味十分豊かになり、「家族」から「個人」へと消費の単位が変わらざるを得なくなった、ということです。

まずは、家族消費について、具体的に遡ってみましょう。

近代社会が始まって以来、人々の生活は豊かさを目標に発展し続けてきました。

その一方で、見過ごすことのできない社会の一面があります。それは、**目標を達成して豊かな生活が可能になればなるほど、物質的豊かさへの懐疑の念が繰り返し問われ続けてきたという事実**です。

「物質的な豊かさよりも精神的な豊かさを」という主張は、現代でもよく為されます。社会が停滞してくると、「物より心」という言説がますます主流になるともいわれます。実際、歴史的に見てもそうなのです。

たとえば昭和期における最も大きな波は、1960年代末から1970年代にかけてのヒッピーブームや未開社会への関心の高まりです。中国では文化大革命（1966〜76年）が起き、日本でも、評論家の大宅壮一氏をはじめ複数の言論人が公にその評価で対立しました。海外への関心は世代を超えて高まり、私の大学時代の友人にも、インドへ旅行に出たまま、そのまま日本には帰らなかった者がいます。社会が豊かになると同時に、豊かさに対する疑問も常に問われ続けてきたのです。ここに、人が生きる上で避けようのない個人的な幸福感、いわば「幸福の志向性」が関係してくるのです。

積極的幸福と消極的幸福

〈幸福〉について考えてみましょう。

社会学者のジグムント・バウマンが2008年に記した『幸福論――〝生きづらい〟時代の社会学』（作品社）に、「一人当たりのGDPと国民の平均幸福度は、一定水準を超えると関係がなくなる」（高橋良輔・開内文乃訳）という記述があります。この一文は、字義通りの意味ばかりでなく、一人当たりのＧＤＰが一定水準に達しなければやはり不幸である、という指摘でもあることも二重に興味深い考察です。

世帯年収と幸福度の相関関係を調べたさまざまな調査では、年収の高さと幸福度は比例します。ただし、年収が１０００万円を超えるとそうではなくなるというのがおおよその結論です。以前、読売新聞が行った幸福度調査でも、「家族に満足していますか」という設問に対し、世帯年収が１０００万円に向かって満足度は右肩上がりになるのですが、１０００万円を超えると、逆に満足度が下がるという調査結果がありました。年収が多くて幸福な人ももちろんいるでしょうが、一定水準を超えると、年収の多さと満足度に相関関係は見られなくなる、というのがこれらの調査の結論です。

つまり、現代の幸福には二つのタイプがあることが推測できます。

一つは、能動的な幸福、すなわち積極的な多幸感による幸せです。

もう一つは、苦痛や不幸、不快を前提とした幸福です。つまり、なにか不幸なことが起こると、「ああ、苦痛や不幸がない状態は幸福なんだ」と改めて感じるという、きわめて消極的な幸福感です。2011年の東日本大震災後の内閣府の調査でも、「震災後に絆が強まった」と回答した人ほど、幸福度が高くなっているというデータが見られました。不幸を逃れている、イコール幸福である、という認識です。

後者の消極的な幸福基準のみで測れば、日本の大多数の人々は幸福なはずです。しかし、現実はそうではありません。たとえば現在においても、国連による世界幸福度ランキングの日本の順位は62位（2020年）、コロナ禍以前でも日本の自殺者数は先進国の中で上位を占め続けてきました。このような「幸福感を得られない日本社会」の背景には、人間とは、自分の人生が肯定されたり承認されたりしないと幸福感を味わえない存在だという建前を超えた事実があります。つまり、前者の**積極的な幸福が、人間の幸福感には必要**なのです。

承認のための消費物語

近代社会は、承認や評価を自動的に得られない社会です。前近代社会は宗教やコミュニティがあって、その中で日常の営みを続けていれば、承認や評価を得られる社会でした。

しかしながら近代社会は、承認・評価を自らの手でつかみとらなければいけません。要するに、他人から必要とされ評価される状態を自分の手で作り出すのが、資本主義社会の特徴だといえるのです。

先述のバウマンは、「消費社会において、幸福を生み出すと期待される商品・サービスを買うことが、近代社会の幸福の基本になった」とも記しています。「これを買えば、幸福になります」と壺を売りつける商法も、こうした幸福システムに便乗した売買です。**私たちは人生において、「これを買うと幸福になれる」という消費の物語を求めているともいえる**のです。

物語には段階があります。昭和の時代においては、「豊かな家庭生活を作ればハッピーになる」という筋書きの中にほとんどの人が存在してきました。つまり、豊かな生活が承認の源であり、家族の豊かさに必要なものを揃えていくのが幸せである、という物語です。これは近代社会の成長期に、あらゆる国の普遍的な物語になりました。日本に限らず欧米も東南アジア諸国もそれぞれ時期は異なりますが、「豊かな家族、豊かな家族生活を作りましょう」という志向が原動力となって、消費が拡大しました。

この物語の良いところは、承認と評価が双方同時に得られるところです。つまり、夫婦、親子という小さな集団に家族を限ることで、お互いに必要かつ大切に思う存在が身近にいることになります。家族全員の豊かさを目指して生活することで、お互いの評価も確認できるというシンプルなシステムであり、「中流家庭の幸福」の典型はここから生まれています。そして、その根底を支えていたのが、家族消費なのです。

家族消費のシステム

家族消費の特徴は、第一に、ほとんどの人がこの物語を共有でき、誰もが同一のものを目指せていたことです。

第二に、共同的消費という側面があります。

「一家に一台、テレビを買いましょう」
「家族で月に一度は外食をしましょう」
「家族で夏休みに旅行に行きましょう」

という、家族全員で一緒に使うものを買うという消費形態です。物やサービスを買うことで幸せに「なる」もしくは「なれる」システムが、社会的に共有されていたわけです。

この物語は長期的な継続が可能でした。結婚、出産、子育て、子どもの進学・就職というように、二十年以上にわたる物語を得られました。高度経済成長期には、「このような生活が幸福な家族をもたらす」という物語とともに、新商品が次々と提示されてゆきます。最たるものはマイホームですが、新製品が生まれると、「家族がそれによって幸せになる」というイメージのテレビコマーシャルが大量につくられ、広く共有されました。

たとえば、日本にはコーヒーを家で飲むという習慣はもともとなかったのですが、1960年代にネスカフェのブランドを持つ飲料会社のネスレが、「家族団らんの場にコーヒー」という広告を流し、「幸せな家庭というものはどうもコーヒーを飲むらしい」というイメージを広めます。実際それで、インスタントコーヒーが日常品として定着していったのです。

遊園地も、その事例の一つです。社会学で谷津遊園（千葉県に昔あった遊園地）の分析をしている人がいますが、高度成長期には、全国各地に小さな遊園地が山のように生まれました。遊園地には観覧車があって、小さなジェットコースターがあって、飲食できる場所がある。つまり、家族で一緒に出掛けて、子どもとともに楽しめる、という消費活動です。現在では次々と閉園している状況ですが、かつては遊園地に年に数回行くことが幸せの形だ、という家族消費のパターンが確実に存在したのです。

車も、小さい車から次第に大きい車へと買い替えていく。それが、家族が社会的に評価を得られるという満足度にもなりました。学歴も然り。親が子どもを自分より高い学歴にすると、社会的な評価を得られます。ですから、家族が一丸となって子どもの教育費に多額のお金をかけて、大卒の学歴を求めるのです。

かつて**このような幸福システムが社会的に稼働していたのは、ほとんどの男女が結婚し、離婚が少なかった**からでもあります。幸福である条件には、父親になる夫の収入の安定や上昇の期待が必要であることは否めません。私は一般の人々を対象に家族に関するインタビュー調査を長年にわたって続けていますが、中高年の女性で、「結婚して主婦になったときは社宅で何もなかったけれど、夫の給料が増えると、一個一個、家電製品が増え、その都度幸福を感じた」という話をよく聞きました。つまり、幸福をもたらす商品を次から次へと買い続けられるという期待や実感が、家族消費のシステムを支えていたわけです。

個人消費の台頭

しかし、1980年代後半から、「豊かな家族生活」という物語が揺らぎ始めます。物語を完成してしまった人々、つまり豊かな高齢者や子育てにめどがついた共働きの家庭のように、家族を豊かにする商品を揃え終えた人たちが増える一方で、家族を豊かにする商品を揃え続けられない人々、つまり家族を作れない独身者や家族を捨ててしまう人が現れてきたのです。この格差拡大の両極にいる人は、じつは同じような行動をしています。

いわゆるこれが、「個人消費」というものです。**家族が「家族のために」物を買うのではなく、個人が「個人のために」物を買うという時代の始まり**です。

もちろん、家族消費の次元も存在し続けますが、もう一つ別の次元、個人の消費の顕在化は消費の多様性を可視化させました。承認や評価の単位が個人個人に分けられ個別化し、幸福の持続期間は必然的に短くなっていくのがその特徴です。

消費の個人化の中で最初に出てきたのはブランドでした。ブランド物というのは、「これを持っていると、みんなから評価されますよ」と一般的に認められた物です。80年代には、「ああ、初めてグッチのバッグを買えた。抱いて寝た」という女性が実際に存在しました。多くの若者がブランド品を買って、「これでやっと一人前の中流階級として認められる」という思考が生まれたのです。

男性の場合は時計や車です。マイカー消費にもブランド志向が高まり、「四畳半一間のアパートに住んで、車はBMW」という若者の存在が時代の象徴として報道されるようにもなりました。そこには、「車がないとデートに誘うのも恥ずかしい」という時代意識があり、女性の側にも「車も持っていない男とデートするなんて」という価値基準が背景にあったからです。男性は借金してでも車を買ったりして、女性から見下されないように頑張っていました。

当時の広告は、この「ブランド商品を持てば、いかに幸福か。いかに地位が高いのか」という物語を継続的に宣伝していればよかったのですが、結局、このブランド消費は行き詰まります。ブランドに心を囚われている人は、車にしろ、ブランドのバッグにしろ、新しい商品を買い続けられないとわかった途端に購買をやめるのです。要するに、持続できない時点でやめざるを得なくなりますし、続けていれば自然に飽きるという心理面もあります。男性も女性も「ブランド消費は結婚するまで」と暗黙の裡《うち》に思っていた若者は多く、中高年や高齢者になるにつれ、ブランド消費には興味が失せていきます。そして、平成時代の到来となります。

家族と個人の限界の先に

平成日本は、「消費不安時代」であったというのが私の考えです。

若年層は、そもそも結婚して自分が家庭を持てるかどうかが不安です。中年層や富裕層でさえも、今の生活を維持できるのか、家族の物語を継続できるのかという不安が始終つきまとう。家族形成、維持でさえ不安なのに、新たなブランド消費になど手が回りません。家族消費も個人消費も、限界に達したのです。

原因は、いうまでもなく収入の不安定性です。

収入が将来にわたって低下していく社会では、幸福を生み出すような消費をし続けることができません。貧困に陥らないためという消極的幸福を優先させますから、積極的幸福にはなかなか踏み出せないのです。

家族から多幸感を得られない人も増大しました。独身者の急増とともに、未婚率・離婚率の上昇が平成社会の特徴でしたが、これは、アイデンティティとプライド、両方の源泉が存在しない人の増加であることをも示唆しています。

一方で、高齢者には第二の人生が始まります。元気でお金のある高齢者は、子育ての卒業や配偶者との死別によって、家族以外のコミュニティでアイデンティティとプライドを求めようとします。要は、昭和時代のような現役家族の世帯数が、平成時代において増えるどころか減少してしまったのです。

家族消費が減る一方で、ブランド消費を代表とする個人消費が限界に達している。ここに、「アイデンティティ（個性）消費」という新しい消費の概念が登場します。家族とかブランドとか、そういうまどろっこしい回路を通さず、**直接「承認や評価を得よう」という新しい幸福への試み**が始まったのです。

幸福は、自分の人生を他人から肯定されるところに生まれます。家族消費というのは、家族生活を豊かにする商品を買うことが幸福であり、ブランド消費というのは高い社会的地位を認めてもらうことが幸福でした。そしてこの新しい幸福とは、自分の人生を肯定するものに直接お金を使うというあり方です。他者から必要とされ、大切にされ、評価される自分を個人で作り出す。いわば、人とのつながりを求めること、美的感覚を磨くこと、他人を幸福にするといった行為に幸福を覚える。これらを得るためにお金を使うのが幸福の実現であり、こうした新しい消費のあり方を追求する人が数多く出現し始めたのが、2000〜10年代でした。そして、インターネットによるソーシャルメディアの発達が、その傾向に拍車をかけました。

アイデンティティ消費へのさらなる期待

しかし、このアイデンティティ消費を急襲したのが、コロナ・パンデミックです。消費格差におけるコロナ禍の影響は、世代、性別、家族形態によっても異なります。ここに格差が一気に生じてきます。

たとえば、高齢者について考えてみましょう。年金だけで暮らせる裕福な人にとっては、コロナ禍による収入低下はありません。給付金や「ＧｏＴｏトラベル」キャンペーンでむしろレジャーを楽しむ機会が増えたかもしれません。一方、年金が不十分で、それを補うために非正規雇用などで働いている高齢弱者にとっては、生活維持そのものが危機に晒されました。パンデミックが収束しない限り、解決のめどは立ちません。消費格差は確実に拡大していくのです。

繰り返しになりますが、弱い立場の女性にとって、このコロナ禍による被害はとりわけ甚大です。そもそも女性の非正規雇用率は、男性に比べかなり高く（女性56・4%、男性22・3%／2020年総務省調査）、販売や飲食業などの職業に多く見られます。緊急事態宣言に伴う外出自粛で最も痛手を受けている業種であるのはいうまでもありません。特に、「夜の街」という言葉で有名になった接客を伴う飲食業などで働く女性の状況は深刻です。

キャバクラ・スナックは全国に約5万5000店以上、性風俗店も全国に1万店以上（風営法届け出店舗数）存在します。キャバクラは一店舗当たり20人程度、性風俗店は30人程度といわれるので、全国総数は少なくても140万人以上、さらに、未届け店やメイドカフェなどで働く女性も含めれば、160万人は下らないと推計できます。このような業種は、業態上クラスターが発生しやすく、営業自粛に追い込まれることが少なくありません。感染を恐れて客数も減少します。また、このような業界は固定給ではなく歩合制であること

2020年にお金の使い道はどう変わった?

支出が増えたもの	マスクなど保健用消耗品	79.3
	ゲームソフト	47.7
	自宅用のチューハイ・カクテル	33.3
	パソコン	30.7
	テレビ	27.0
	冷凍調理食品	15.9
	生鮮肉	10.3
支出が減ったもの	パック旅行費	−70.4
	映画・演劇等入場料	−63.2
	鉄道運賃	−60.9
	外食の飲酒代	−53.9
	背広服	−40.8
	口紅	−36.2
	ファンデーション	−24.7

2人以上世帯の実質消費支出の前年比増減率%、総務省の家計調査から

（朝日新聞朝刊2021年２月６日付）

が多く、コロナ禍は収入減に直結し、さらには生活困難、就学継続困難などに結びつくのです。まさに、アメリカでいわれるところの「忘れられていた階級」が表に現れてきているのです。

次に、消費の質の面について考えてみましょう。

コロナ禍によって、スーパーマーケットや薬局など生活必需品の売り上げが軒並み伸びたことは、必然的な流れでした。最低限の消

費ばかりでなく、高価なオーディオ製品や、3密を避けた新しい生活様式の中でキャンピングカーなどのニーズも高まったともいわれました。いわば、「家族消費の復活」といってもいい現象です。

また、インターネットの発達によって、アイデンティティ消費のパターンが変化しています。消費したものをソーシャルメディアに上げることで承認を得るというパターンが広がっています。今回のコロナ禍で、その流れが加速したことでしょう。

逆に、ソーシャルメディアを使いこなして承認欲求を満たせる人と、苦手で満たせない人の格差が広がっていることも確かです。

少子化が進む中で、まず、家族消費の再興を今後どのように持続していけるかが、コロナ後の社会課題であると私は考えています。そこに必要なのは、「物欲か、精神か」「家族か、個人か」といった二項対立的な考え方ではなく、「要るものは何か」といった自分の個性に基づく「アイデンティティ消費」ではないでしょうか。個性を軸にして考えれば、家族の個性もあれば、個人の個性もありますから、消費の多様化を積極的に捉えることが可能になります。そして、ソーシャルメディアを適切に使える環境を、多くの人に保証していく必要があります。こうして豊かさの志向をプラスに転じていくことが、コロナ後の社会には求められていくでしょう。

おわりに——令和の格差のゆくえ

年号による時代区分は、日本にとって有効なのでしょうか。平成から令和に変わり、コロナ禍が生じました。日本では、令和2年から深刻化しましたが、英語では「The Coronavirus Disease 2019（COVID-19）Pandemic」と名づけられているように、世界史的には、令和元年（2019年）に始まったとみなされています。とすると、コロナ禍後の社会がどのようになるかが、日本の「令和時代」を特徴づけることになります。

私は、家族や格差社会の問題を中心に研究を続けてきました。

戦後の昭和期は、豊かな家族生活への期待をみんなが持ち、経済成長がそれを可能にした時代でした。格差という観点からいえば、徐々に豊かさが実現されていく中で、ほとんどの人が中流意識を持って生活することができました。

バブル経済の絶頂期に始まった平成元年（1989年）は、すぐにバブル経済の崩壊（1993年）に見舞われました。そして平成期は、少子化未婚化が進行した時代です。つまり、みんなが結婚して豊かな家族生活を形成していくことは不可能になり、結婚したくてもできない男女が増大していく時代になりました。グローバル化や情報化が進み、アジア通貨危機（1997年）、リーマン・ショック（2008年）と続く中で、日本の経済成長は停滞し、さまざまな分野で格差が広がりました。それを私は、「格差社会」と名付けたわけです。

そのような中で、平成が終わり令和時代に入った途端にコロナ禍が起きたのです。「はじめに」において、コロナ禍によって明らかになったのは、

1　これまで隠され、人々が見ようとしなかった格差の現実が、はっきり見えるようになったこと

2　コロナ禍以前の社会には戻れないという予感が広がっていること

だと述べました（5ページ）。

本書で示した通り、平成時代は、戦後型家族（夫は主に仕事、妻は主に家事で物質的に豊

かな生活を作る）にこだわるがゆえに、未婚化、少子化が起き、結果的に家族を作れない人が増えています。さらに、生活を壊せないがゆえの夫婦の愛情格差が進行しました。教育も、グローバル化、情報化が進展し、新しい能力が求められているのに、公教育がそれをサポートしないがために、生まれた親の財力や知力によって、子どもの教育達成に差ができてしまう社会になりつつあります。

仕事面では、正規雇用—非正規雇用格差が拡大し、さらに新しいデジタル経済に適応「できる仕事／できない仕事」の間に明確な格差が生まれています。地域社会においては、大都市—地方格差の拡大だけでなく、富裕層が住む地域と貧困層が住む地域が分かれ始め、さらに、地域社会の意味が失われつつあります。そして、ソーシャルメディアの普及によって、自己承認の格差も広がってきました。

これらの格差拡大は、コロナ禍前の平成時代から進行していたことですが、コロナ禍によって拡大し、はっきり見えてきたことは本書で示した通りです。

平成時代が、「格差は広がっていくのだけれども、それを認めることができなかった時代」とするならば、令和は、「格差の存在を認め、それを踏まえた上で新しい形の社会をみんなで作っていく時代」になればよい、いや、するべきだと思っています。「みんなで」と強調したのは、これらの格差を埋める試みは、「自助努力」ではできないからです。平成の時代は、さまざまな格差が広がる中で、「自己責任」が強調され、格差が放置されるきらいがありました。コロナ禍は、「自己責任論」の限界を明らかにしたのだと思います。

家族の領域では、「戦後型家族」へのこだわりを捨て、さまざまな形の家族を認めてサポートしていくこと、そして、愛情で結びつくカップルを促進する条件を整えること。教育では、新しい時代に必要になった能力（デジタル能力、コミュ力、英語力）を公教育で誰もが身につけられるようにすること。

仕事分野では、現場で広がってきたさまざまな格差を埋める試み。多様な人が住み、つながりを作ることができる地域社会の形成。そして、多様な承認欲求の多様な満たし方の推進。これらの課題を解決していく必要があります。そうすれば、令和は希望に満ちた時代になると思います。いつの世も、時代は私たちの手で作られていく。それは決して変わることはありません。

本書の執筆にはたくさんの方にお世話になりました。執筆に当たって、いつも励ましていただいた朝日新聞出版の大場葉子さん、そして、執筆を手伝っていただいた大越裕さん、三浦愛美さん、紙面を借りて感謝したいと思います。

２０２１年2月27日

山田昌弘

編集協力　大越　裕
三浦愛美
図版作成　谷口正孝
朝日新聞社

山田昌弘 やまだ・まさひろ

1957年、東京生まれ。1981年、東京大学文学部卒。1986年、東京大学大学院社会学研究科博士課程単位取得退学。現在、中央大学文学部教授。専門は家族社会学。主な著書に、『パラサイト・シングルの時代』『希望格差社会――「負け組」の絶望感が日本を引き裂く』（ともに筑摩書房）、『少子社会日本――もうひとつの格差のゆくえ』（岩波書店）、『家族難民――中流と下流―二極化する日本人の老後』『底辺への競争――格差放置社会ニッポンの末路』『結婚不要社会』（朝日新聞出版）、『日本の少子化対策はなぜ失敗したのか？――結婚・出産が回避される本当の原因』（光文社）など多数。

朝日新書
811

新《しん》型《がた》格《かく》差《さ》社《しゃ》会《かい》

2021年 4 月30日第 1 刷発行

著　者　山田昌弘

発行者　三宮博信

カバーデザイン　アンスガー・フォルマー　田嶋佳子

印刷所　凸版印刷株式会社

発行所　朝日新聞出版

〒104-8011　東京都中央区築地 5-3-2
電話　03-5541-8832（編集）
　　　03-5540-7793（販売）

Published in Japan by Asahi Shimbun Publications Inc.
ISBN 978-4-02-295120-5
定価はカバーに表示してあります。

落丁・乱丁の場合は弊社業務部（電話03-5540-7800）へご連絡ください。
送料弊社負担にてお取り替えいたします。